RECHERCHES
SUR
L'ORIGINE DES DÉCOUVERTES
ATTRIBUÉES
AUX· MODERNES.

TROISIEME PARTIE;
CONCERNANT

La Physique particuliere, la Médecine, l'Anatomie, la Botanique, les Mathématiques, l'Optique et la Méchanique.

Tome II.   A

RECHERCHES
SUR
L'ORIGINE DES DÉCOUVERTES
ATTRIBUÉES
AUX MODERNES,

Où l'on démontre que nos plus célèbres Philosophes ont puisé la plûpart de leurs connoissances dans les Ouvrages des Anciens : & que plusieurs vérités importantes sur la Religion ont été connues des Sages du Paganisme.

Nemo nostrûm sufficit ad artem simul & constituendam & absolvendam ; sed satis, superque videri debet, si, quæ multorum annorum spatio priores invenerint, posteri accipientes, atq e his addentes aliquid, aliquando compleant, atque perficiant.
Galenus in I. Aphorism. Hippocrat.

TOME SECOND.

A PARIS,
Chez la Veuve DUCHESNE, rue S. Jacques, au-dessous de la Fontaine S. Benoît, au Temple du Goût.

M. DCC. LXVI.
Avec Approbation, & Privilége du Roi.

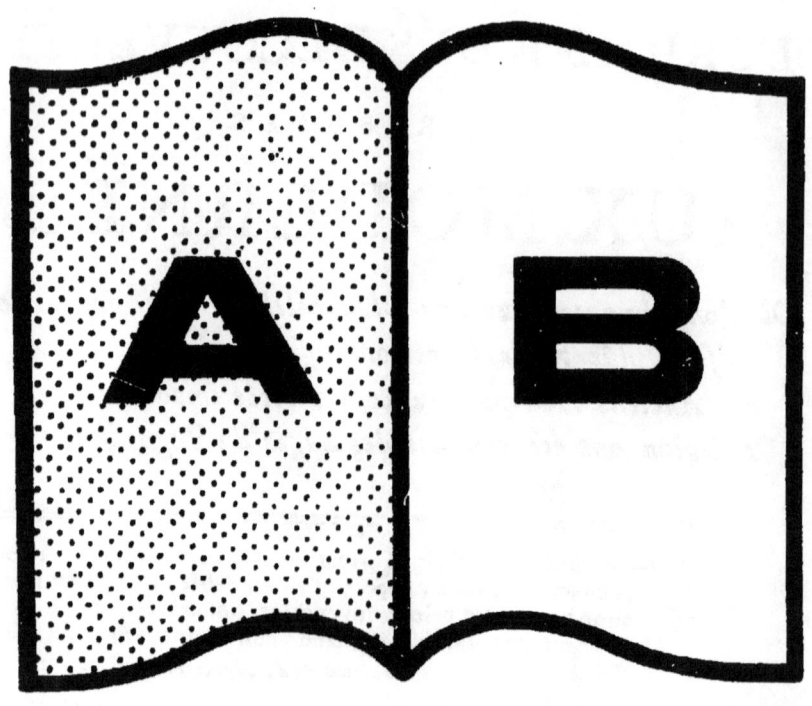

Contraste insuffisant
NF Z 43-120-14

RECHERCHES
SUR
L'ORIGINE DES DECOUVERTES
ATTRIBUEES
AUX MODERNES.

CHAPITRE PREMIER.
*De l'Ether; de l'Air, de sa pesanteur &
de son elasticité.*

Les Modernes entendent par l'*Ether* un fluide très-rare, ou une matiere au-dessus de l'atmosphere, & qui le penetre ; infiniment plus subtile que l'air que nous respirons ; d'une étendue immense, dans laquelle les corps celestes sont portés ; qui

Sentiment des Modernes sur l'Ether.

A ij

remplit tous les espaces où ils font leur cours, & se laisse traverser sans aucune résistance sensible. L'existence d'un tel fluide est généralement reconnue, quoique plusieurs auteurs, parmi les Modernes mêmes, diffèrent sur sa nature. Les uns le supposent être une sorte d'air plus pur que celui qui environne notre globe ; d'autres soutiennent, avec M. *Hombergh*, que c'est une substance d'une nature approchante de celle du feu, qui émane du soleil, & de toutes les autres étoiles fixes ; & d'autres enfin en font un fluide d'une nature particuliere, *sui generis*, dont toutes les parties sont d'une petitesse qui excède même celle de la lumiere, & ils disent que cette excessive petitesse de ses parties peut contribuer à la grandeur de la force par laquelle ces parties peuvent tendre à s'éloigner les unes des autres, & contribuer à produire cette force de pression & d'écartement, qui est, selon eux, la cause de la plûpart des phénomènes qui arrivent dans la Nature, & qui, par la subtilité extrême de ses parties, pénètre intimement tous les corps :

& ce dernier sentiment est celui de M. Newton, de Locke & de leurs sectateurs.

151. Quel que ce soit de ces sentimens sur l'existence & la nature de l'éther, que l'on adopte, on en trouvera l'origine dans ce que les Anciens ont dit sur ce sujet. *Les Anciens en ont eu la même idée.*

152. Les Stoïciens premierement enseignoient qu'il y avoit un feu subtil & actif, diffus & répandu par tout l'univers, dont toutes les parties étoient produites, soutenues & conservées ensemble par la force de cette substance éthérée (*a*), qui *Opinion des Stoïciens;*

───────────────

(*a*) Restat ultimus, & à domiciliis nostris altissimus, omnia cingens, & coërcens cœli complexus, qui idem æther vocatur, extrema ora, & determinatio Mundi : in quo cum admirabilitate maximâ igneæ formæ cursus ordinatos definiunt. *Cicero de Naturâ Deorum*, Lib. 2. Sect. 146. p. 215.

Et pag. 214, *Sect.* 132. Hunc (aërem) rursus amplectitur immensus æther, qui constat ex altissimis ignibus.

Et pag. 218, *Sect.* 175. Quem complexa summa pars cæli, quæ æthra dicitur, & suum retinet ardorem tenuem, & nullâ admixtione concretum, & cum aëris extremitate conjungitur. In æthere autem astra volvuntur, quæ se, & nixu suo globata continent, & formâ ipsâ figurâque sua momenta susten-

embrassoit tous les cieux, dans laquelle les corps célestes accomplissoient leurs révolutions, & à laquelle ils donnoient le nom d'éther.

De Pythagore & d'Anaxagore.

153. Aristote, expliquant le sentiment de Pythagore sur l'éther, l'attribue aussi à Anaxagore (*a*), & dit qu'il croyoit que les

---

tant. Sunt enim rotunda, quibus formis, ut antè dixisse videor, minimè noceri potest : sunt autem stellæ naturâ flammeæ : quocircà terræ, maris, aquarum vaporibus aluntur his, qui à sole ex agris tepefactis, & ex aquis excitantur, quibus altæ, renovatæque stellæ, atque omnis æther refundunt eadem, & rursùm trahunt indidem, nihil ut ferè intereat, aut admodùm paulum, quod Astrorum ignis, & ætheris flamma consumat.

(*a*) Ὁ γὰρ λεγόμενος αἰθὴρ, παλαιὰν εἴληφε τὴν προσηγορίαν, ἣν Ἀναξαγόρας μὲν τῷ πυρὶ ταὐτὸν ἡγήσασθαί μοι δοκεῖ σημαίνειν. Nam quem vocamus æthera, antiquam sibi adoptavit appellationem, quam Anaxagoras idem, quod ignis vocabulum significare putasse mihi videtur. *Aristot. Tom. 1. Meteor. Lib. 1. c. 3, p. 530.*

Vide etiam *Aristot. de Mundo.*

Lucretium, Lib. 5, v. 499, 500, 501.

Τάυτας γὰρ ἄνω πλήρη πυρὸς εἶναι, κἀκείνης τῆν ἐκεῖ δύναμιν, αἰθέρα καλεῖν ἐνόμισε· τοῦτο μὲν ὀρθῶς νομίσας,

espaces les plus reculés du Monde étoient remplis d'une substance éthérée, que les philosophes de son temps appelloient éther, & laquelle Anaxagore paroissoit avoir entendu être un feu subtil & actif; & le même Aristote, dans un autre endroit, entend par éther *un cinquième élément pur & inaltérable, principe actif & vivifiant dans la Nature, différent de l'air & du feu.*

154. Pythagore, suivant Diogene de Laërce (a) & Hiérocles, disoit que l'air qui environnoit notre terre, étoit impur, hétérogène, mais que l'air au-dessus étoit pur, sain & homogène; & il l'appelloit *l'éther libre, dégagé de toute matière sensible ou matiere céleste, qui pénètre librement les*

Sentiment de Pythagore exposé par Hiérocles.

Quippè qui & superas Mundi partes igne plenas esse, & vim, quæ inibi esset, æthera vocare censuit : quod quidem adprobè fecit : (*& paulò post ;*) Quod enim supero in loco consistit, & ad lunæ globum usque porrigitur corpus esse diversum ab igne, & aëre dicimus. *Arist. Meteor. Lib. 1, c. 3.*

(a) *Diogen. Laert. Lib. 8, Sect. 26, 27.*
Hierocles in aurea carmina, p. 229. Edit. Cantabr. 1709. in-8.

pores de tous les corps, comme celle dont les Newtoniens remplissent les espaces parcourus par les astres qui les traversent sans résistance sensible. Et Empédocles, l'un des plus célèbres disciples de Pythagore, est cité par Plutarque & S. Clément d'Alexandrie comme admettant une substance éthérée, qui remplissoit tous les espaces & contenoit en soi tous les corps de l'univers, & qu'il appelloit aussi du nom de *Titan* & de *Jupiter* (a).

Sentiment de Platon.

155. Platon, parlant de l'air dans son Timée, le distingue en deux espèces; l'un

---

(a) Γαῖά τε, ϰ πόντος πολυκύμων, δ' ὑγρὸς ἀὴρ,
Τιτὰν, ἠδ' αἰθ... σαλ᾽ ὧν πεϱὶ κύκλον ἅπαντα.

Tellus, atque mare exundans, atque humidus aër;

Titan, atque æther, qui cuncta adstringit in orbem.

De æthere omnia continente, & constringente Empedoclis. Clem. Alex. Lib. 5. ... pag. 570.

Plutarch. *de Placitis Philos.* Lib. 2. c. 13.

Galen. *Hist. Philos.* c. 13.... Stobæus, *Eclog. Physic.* Lib. 1. p. 53. 54.

Euseb. *Præparat. Evang.* cap. 30.

grossier & rempli de vapeurs (*a*), qui est celui que nous respirons ; & *l'autre plus subtil, appellé l'éther, dans lequel les corps célestes sont plongés* (*b*)*, & où ils accomplissent leurs révolutions.*

156. La nature de l'air n'étoit pas moins connue aux Anciens que celle de l'éther ; ils le regardoient comme un *menstruum* général, contenant toutes les parties volatiles de tous les êtres dans la Nature, lesquelles étant agitées & différemment combinées dans son sein, produisoient cette variété de fermentations, de météores, de tempêtes, & tous les autres effets que nous observons. Ils connoissoient aussi sa pesanteur, quoiqu'ils nous aient transmis peu

Nature de l'air, sa pesanteur, son ressort & son élasticité : nature & propriétés du feu.

(*a*) Ἔστι τὸ εὐαγέστατον ἐπίκλην αἰθὴρ καλούμενος. Aëris limpidissima, sanctissimaque pars æther nuncupatur. *Plato. In Timæo*, p. 58.

(*b*) Αὐτὴν δὲ τὴν γῆν, καθαρὰν ἐν καθαρῷ κεῖσθαι τῷ οὐρανῷ, ἐν ᾧπέρ ἐστι τὰ ἄστρα, ὃν δὴ αἰθέρα ὀνομάζειν τοὺς πολλοὺς τῶν περὶ τὰ τοιαῦτα εἰωθότων λέγειν, &c. Ipsam verò terram puram in puro sitam esse cœlo, in quo quidem sunt astra, & quod eorum quamplurimi, qui his de rebus verba facere solent, ætherem nuncupant. *Plato in Phædone ejus*, p. 109.

d'expériences là-deſſus : Ariſtote (a) paroît avoir eu quelque idée de cette qualité de l'air ; il parle d'*une veſſie remplie d'air, qui peſoit davantage qu'une veſſie vuide d'air;* & il paroît auſſi que Sénèque avoit eu connoiſſance de la peſanteur de cet élément, de ſon reſſort, & de ſon élaſticité ; car il décrit *les efforts que l'air fait conſtamment pour s'étendre lorſqu'il eſt reſſerré ;* & il dit qu'*il a la propriété de ſe condenſer & ſe faire jour à travers les obſtacles qui s'oppoſent à ſon paſſage* (b). Les ſentimens le plus géné-

---

(a) Ἐν τῇ αὐτῆ γὰρ χώρα πάντα βάρος ἔχη, πλὴν πυρὸς, καὶ ὁ ἀήρ· σημεῖον δέ· ὅτι ἕλκει πλέον ὁ πεφυσημένος ἀσκός, τοῦ κενοῦ. In ſuâ enim regione omnia gravitatem habent præter ignem, aër ipſe ; ſignum autem eſt, utrem inflatum plùs ponderis, quàm vacuum habere. *Ariſtot. Edit. Pariſ.* 1629. *pag.* 490. *tom.* I.

(b) Ex his gravitatem aëris fieri, deindè ſolvi impetu, cùm quæ denſa ſteterant, ut eſt neceſſe, extenuata nituntur in ampliorem locum......... Habet ergò aliquam vim talem aër, & ideò modò ſpiſſat ſe, modò expandit, & purgat : alias contrahit, alias diducit, ac differt. *Senec. Quæſtion. Natural. Lib.* 5, *c.* 5 & 6.

ralement reçus sur la nature du feu & ses propriétés se trouvent encore clairement exposés dans Platon, Stobée, Aristote & Lucrèce; le premier dit que le feu naît du mouvement, & qu'il est l'effet de l'agitation & de la friction des petites parties des corps (*a*). Aristote enseignoit que la flamme n'étoit autre chose que de petits corps dans un mouvement très-rapide, qui se succédoient continuellement les uns aux autres; que le feu étoit composé de petits corps de figure pyramidale dont les angles étant tranchans nous piquoient en entrant dans nos pores, & fondoient les métaux en s'insinuant en eux. Ce que Des-

---

(*a*) Τὸ γὰρ θερμόν τε καὶ πῦρ ὁ δὴ καὶ τἄλλα γεννᾷ καὶ ἐπιτροπεύει, αὐτὸ γεννᾶσαι ἐκ φορᾶς καὶ τρίψεως. τοῦτο ἡ κίνησις. ἦ οὐχ αὕται γενέσεις πυρός; Motum nimirùm efficere ut illud quod esse & fieri videatur, sit & fiat; quietem verò, ut res minimè existant, id est, intereant. Calidum enim & ignis qui alia quidem & generat & summo imperio administrat ipse generatur ex latione & attritione. Illud autem nihil aliud est quàm motus; nonne hoc est generandi ignis principium? *Platon. Tom.* 1, *p.* 153. *A. in Theetet.* Vid. & *Stobæum, Eclog. Phys. p.* 43.

cartes a répété après lui (*a*). Démonax a dit que le feu pesoit (*b*); & Lucrèce lui attribue cette propriété, & dit que si le feu paroît tendre toujours à s'élever, c'est qu'il y est contraint par une cause étrangere, & que la pression de l'air, qui résiste au poids de la flamme, est ce qui le fait monter (*c*).

(*a*) *Aristot. de cælo*, Lib. 3, c. 8. *Lib. Meteor. & in diversis locis.*

(*b*) *Bibliothéq. des Philos. Gautier*, T. 1. p. 422.

(*c*) Sic igitur debent flammæ quoque posse per auras
  Aëris expressæ sursùm succedere, quanquàm
  Pondera, quantùm in se est, deorsùm deducere
   pugnent.
Lucretius, Lib. 2, v. 183 *usque ad* 203.

CHAPITRE II.

Du Tonnerre & des tremblemens de terre ; de la vertu magnétique ; du flux & reflux ; de la source des Fleuves.

157. Je passe à quelques articles de physique particuliere, sur lesquels je tâcherai de faire voir en peu de mots la conformité des idées des Anciens avec celles de quelques-uns de nos plus célèbres philosophes. Il semble que les causes du tonnerre, des tremblemens de terre, de la force attractive dans la pierre d'aimant, du flux & reflux des eaux de la mer & du retour des fleuves à leur source, n'aient pas été cachées aux premiers ; & ce n'a pas été leur faute, si on n'a pas adopté les sentimens qu'ils ont enseignés de bonne heure sur ces matieres, & si l'on n'y est revenu que long-temps après. On ne doit pas leur objecter là-dessus qu'il y avoit tant de différentes opinions parmi eux sur chacun de ces points, qu'il eût été difficile de sçavoir à laquelle se tenir, à moins que l'on ne convienne aussi que la même objection peut

La diversité des opinions parmi les Anciens n'est pas un sujet de reproche.

se faire avec autant de raison sur la diversité d'opinions qui règne également parmi nous dans plusieurs questions. Il n'y a pas long-temps qu'il y avoit deux ou trois sentimens opposés à celui de M. Newton sur les couleurs ; mais cela n'a pas empêché que son système n'ait triomphé & qu'il n'ait la gloire d'avoir proposé ce que nous connoissons de plus solide là-dessus. Nous devons juger avec la même impartialité des vérités que nous trouvons répandues dans les écrits des Anciens ; & un petit nombre d'erreurs avancées par quelques-uns, ne doivent pas nuire à l'établissement des vérités enseignées par les autres.

<small>Différentes opinions des Modernes sur la cause du tonnerre.</small>

158. On est partagé entre deux opinions parmi les Modernes sur la cause du tonnerre : l'une, qu'il est produit par une exhalaison enflammée, qui fait des efforts pour sortir de la nuée où elle est enfermée ; & l'autre, que le tonnerre est occasionné par le choc de deux nuées, dont l'une venant à se condenser & se précipiter sur une autre nuée inférieure, fait une pression considérable sur l'air qui est entre les deux ; lequel, trouvant alors de l'obstacle à

son passage, se dilate avec force, & produit un bruit éclatant par le choc de l'air extérieur : cette derniere explication est de Descartes, & a trouvé moins de partisans ; la premiere & la plus suivie est celle des Newtoniens. Je ne m'arrête point sur une troisième de M. Franklin, par laquelle on fait voir que la matière qui produit le tonnerre pourroit bien être la même que celle qui est la cause de l'électricité ; parce que, quoiqu'il se puisse faire qu'elle soit la plus vraisemblable & qu'elle ait l'avantage sur les autres d'être appuyée sur des expériences très-ingénieuses, cependant elle se trouve encore contestée ; & si d'ailleurs elle est, comme je le pense, la mieux fondée, elle n'appartient point à mon sujet : l'auteur à cet égard ne devant rien aux Anciens.

159. De ces deux sentimens donc des Anciens, que les deux célèbres Modernes ont adoptés, l'explication de Descartes appartient entièrement à Aristote, lequel cité par Plutarque (*a*), dit que *le tonnerre est causé par une exhalaison sèche, laquelle*

Sentiment d'Aristote & d'Anaxagore le même que celui de Descartes.

(*a*) Ἀριςοτέλης, ἐξ ἀναθυμιάσεως καὶ τὰ τοιαῦτα γίνεσθαι τῆς ξηρᾶς. ὅταν οὖν ἐντύχῃ μὲν τῇ ὑγρᾷ παρασίζηται

16 Du Tonnerre.

venant à se précipiter sur une nuée humide, cherche avec violence à s'ouvrir un passage, & produit par cet effet un bruit éclatant. Et Anaxagore rapporte l'effet du tonnerre à la même cause.

Autres opinions de quelques Anciens.

160. Tous les autres passages, qui se trouvent en foule chez les Anciens, sur la cause de la formation du tonnerre, contiennent clairement les mêmes raisons alléguées par les Newtoniens, & quelquefois réunissent les deux sentimens qui partagent les Modernes.

Leucippe & Démocrite.

161. Leucippe & toute la secte Eléatique disoient que le *tonnerre étoit produit par une exhalaison enflammée, qui renfermée dans la nuée faisoit un effort violent pour en sortir* (a) : Démocrite dit que le tonnerre

---

ʃ την έξοδον, τι μὲν περιαίρεσει και τῇ ῥήξει του ψόφον τῆς βροντῆς γίνεσθαι, τῇ δε εξάψει τῆς ξηρότητος, την ἀστραπήν. Aristoteles ista quoque ex aridâ exhalatione fieri existimavit. Iraque quùm arida exhalatio in humidam exhalationem inciderit, sibique violenter exitum quærit, attritu quidem, ac discissione nubis, tonitru fragor efficitur. *Plut. de Plac. L.* 3, *c.* 3... *Laërt. L.* 2, *Sect.* 9, origines in Anaxag.

(a) Δημόκριτος, βροντῆς μὲν ἐκ συγκρίματος, ἀνωμάλε

étoit

DU TONNERRE. 17

étoit l'effet d'un mélange de diverses parties volatiles, qui précipitoient en bas la nuée qui les contenoit, & par ce mouvement violent les faisoit enflammer.

162. Sénèque l'attribuoit à une exhalaison sèche & sulphureuse qui s'élevoit de la terre, & qu'il appelle l'aliment de la foudre, lequel venant à se subtiliser & s'échauffer en l'air, produisoit ensuite une éruption violente (a). *Opinion de Sénèque.*

163. Les Stoïciens distinguoient deux choses dans le tonnerre, l'effet du tonnerre *Sentiment des Stoïciens.*

τε περιειληφὸς αὐτὸ νέφος πρὸς τὴν κάτω φορὰν ἐκβιαζομένου. κεραυνὸν δ', ὅταν ἐκ καθαρωτέρων, καὶ λεπτοτέρων, ὁμαλωτέρων τε, κ᾽ πυκιαρμόνων, γηνητικῶν τε πυρὸς ἡ φορὰ διώκηται.

Leucippus ignem densissimis nubibus interceptum violenter excidentem tonitru credit efficere. Democritus tonitru quidem inæqualem mixtionem, quæ nubem, quâ continetur, deorsùm protrudat.... Fulmen autem motum violentum puriorum, atque æquabiliorum ignis efficientium. *Stobæus*, p. 64, 65.

(a) E terrâ pars sicca, & fumida efflatur, fulminibus alimentum in aëre; si attenuatur, simul siccatur, & calet, & modò universam eruptionem facit. *Seneca, Quæst. Natural. Lib.* 2, c. 54.

Tome II. B

même, ou la foudre, & le bruit qu'ils appelloient proprement le tonnerre (a); *le tonnerre étoit, selon eux, occasionné par le choc des nuées; & la foudre étoit l'inflammation des parties volatiles contenues dans les nuées, & laquelle étoit occasionnée par le choc:* & Chrysippe enseignoit que l'éclair étoit produit par l'inflammation des nuées, qui emportées par les vents venoient à se choquer; & que le tonnerre étoit le bruit qu'elles faisoient en se rencontrant: il ajoutoit que, quoique ces deux effets fussent simultanés, nous appercevions l'éclair avant

---

(a) Χρύσιππος ἀστραπὴν, ἔξαψιν νεφῶν ἐκτριβομένων, ἢ ῥηγνυμένων ἀπὸ πνεύματος, βροντὴν ᾗ εἶναι τὸν τούτων ψόφον. ἅμα ᾗ γίγνεσθαι ἡμᾶς διὰ τὸ τῆς ἀκοῆς ὀξυτέραν εἶναι τὴν ὅρασιν. ὅταν δ' ἡ τοῦ πνεύματος φορὰ σφοδροτέρα γένηται ᾗ πυρώδης, κεραυνὸν ἀποτελεῖσθαι.

Chrysippus fulgur quidem nubium extritarum, vel spiritu raptarum inflammationem ponebat, tonitru autem sonitum: quæ quamvis simul fiant, non tamen simul à nobis sentiri, quòd auditu sit visus acutior, cùm porrò spiritus violentior atque igneus extiterit, fulmen gigni. *Stobæus, Eclog. Phys. Lib. 1, p. 65.*

Voy. aussi *Diog. Laërt. Liv. 7, Sect. 154. Zeno.*

d'entendre le bruit, parce que la vue est plus prompte que l'ouïe (a).

164. Enfin Aristophane, dans sa comédie des *nuées*, introduit Socrate satisfaisant la curiosité d'un de ses disciples, sur la cause du tonnerre; & lui disant qu'elle consistoit dans *l'air renfermé dans une nuée; lequel venant à se dilater, la rompoit avec effort, & choquant avec violence l'air extérieur, s'enflammoit & produisoit un grand bruit en sortant* (b).

Opinion de Socrate cité par Aristophane.

165. Il n'y a qu'une opinion sur la cause des tremblemens de terre laquelle mérite

Cause des tremblemens de terre, donnée par les Modernes;

(a) Ϲἱ Στωϊκοὶ βροντὴν μὲν συγκρουσμὸν νεφῶν, ἀστραπὴν δ' ἔξαψιν ἐκ παρατρίψεως. Stoïci tonitru quidem opinantur esse collisionem nubium, fulgur verò accensionem ex attritu genitam. *Plutarch. de Placit. Philos. Lib.* 3, *c.* 3. *Diogen. Lib.* 7, *p.* 154.

(b) Ὅταν εἰς αὐτὰς ἄνεμος ξηρὸς μετεωρισθεὶς κατακλεισθῇ, Ἔνδοθεν, αὐτὰς ὥσπερ κύστιν φυσᾷ κἄπειθ' ὑπ' ἀνάγκης Ῥήξας αὐτὰς ἔξω φέρεται σοβαρὸν, διὰ τὴν πυκνότητα, Ὑπὸ τοῦ ῥοίβδου, καὶ τῆς ῥύμης, αὐτὸς ἑαυτὸν καταιαίων.
Quandò ventus siccus in ipsas subvectus, ibique
Inclusus fuerit ; tunc ipsas, ceu vesicam, in-
flat : & actus
Vi nubem perrumpit : & extrà violento cum
impete fertur,

B ij

d'être considérée ; c'est celle qui est alléguée par les Cartésiens, les Newtoniens & tous les habiles physiciens (a). Ils l'attribuent à ce que la terre renferme en son sein des cavernes d'une étendue considérable, qui sont quelquefois remplies par d'épaisses exhalaisons, semblables à la fumée d'une chandelle qu'on vient d'éteindre, laquelle est facile à s'enflammer, & venant en effet à s'agiter & prendre feu, échauffe l'air concentré & condensé dans cette caverne, & le dilate à un degré si considérable, que ne trouvant point d'issue pour sortir, il faut nécessairement qu'il rompe les barrieres qui le retiennent ; ce qui ne peut se faire sans agiter auparavant la terre des environs par des secousses ter-

---

Propter crassitiem, atque à stridore, & vi se-
semet adurit.

Aristophan. in nubibus, act. 1, *sc.* 4. *p.* 755.

(a) „ M. Lémery a proposé une autre opinion „ sur les tremblemens de terre, & en a produit sur „ ses principes un artificiel : Voyez *Mémoires de l'Académie*, 1700, *p.* 51, 52 ; d'autres soutiennent que l'électricité en est la vraie cause, entr'autres le P. Beccaria.

ribles, & produire tous les autres effets qui en sont une suite naturelle.

166 Cette même raison avoit déja été donnée par Aristote & par Sénèque, pour rendre compte de la cause de ces funestes évènemens. Le premier, après avoir réfuté ceux qui soutenoient que la terre ou l'eau produisoient les tremblemens de terre, propose son opinion : *qu'ils étoient occasionnés par l'air* (a) *renfermé dans les entrailles de la terre, lequel faisoit ses efforts pour en sortir; & il observe qu'à l'approche d'un tremblement de terre, le temps est ordinairement serein, parce qu'une plus grande quan-*

Par Aristote.

_____

(a) Οὐκ ἂν οὖν ὕδωρ, οὐδὲ γῆ αἴτιον ἴη, ἀλλὰ πνεῦμα, τῆς κινήσεως, ὅταν ἴσω τύχη ῥυὲν τὸ ἔξω ἀναθυμιώμενον. Διὸ γίγνονται ὑπερμεγέθεις οἱ πλεῖστοι, κὴ μέγιστοι τῶν σεισμῶν. συνεχὴς γὰρ ὅσα ἡ ἀναθυμίασις, ἀκολουθεῖ ὡς ἐπὶ τὸ πολὺ τῇ ὁρμῇ τῆς ἀρχῆς. ὥστε ἢ ἴσω ἅμα, ἢ ἔξω ὁρμᾷ πᾶσα.

Igitur neque aqua, neque terra causa tremoris esse potest, sed spiritus, ubi scilicet quod extrà exhalat, intrò fluit. Unde fit, ut plurimi, maximique terræ motus cœlo tranquillo fiant. Nam exhalatio, quæ continens, ac perpetua existit, ut plurimùm initii motum sectari solet. Quare tota simul, aut intrò, aut extrà contendit. *Aristot. opera*, Tom. 1, Lib. 2. Meteorol. c. 8, p. 567. A.

tité d'air qui devroit agiter l'air extérieur, se trouve alors retenue dans les entrailles de la terre.

Et par Sénèque.

167. Sénèque est encore plus précis ; on croiroit entendre parler un physicien de ce siècle ; il suppose que *la terre cache en plusieurs parties de son sein des feux souterrains, qui venant à s'allumer, doivent nécessairement agiter les vapeurs considérables enfermées dans ces cavernes, lesquelles ne trouvant point d'issue pour sortir, font des efforts extraordinaires, & rompent enfin ce qui fait obstacle à leur passage* ; & il dit encore que, si ces efforts ne sont pas assez puissans pour briser les barrieres qui retiennent ces vapeurs agitées & dilatées, elles ne produisent alors que de foibles tremblemens & des mugissemens sans aucune suite fâcheuse (*a*).

Du Flux & Reflux de la Mer.

168. De toutes les explications que l'on

___

(*a*) Quidam ignibus quidem assignant hunc tremorem (terræ) ; nam cùm pluribus locis ferveant, necesse est ingentem vaporem sine exitu volvant, qui vi suâ spiritum intendit : & si acriùs institit, opposita diffundit : si verò remissior fuit, nihil ampliùs, quàm movet. Senec. L. 6, c. 11.

a entrepris de donner sur ce qui occasionne le flux & reflux de la mer, la plus simple & la plus ingénieuse, quoique contredite ensuite par l'observation, est celle de Descartes qui suppose un tourbillon de matiere subtile & d'une figure elliptique, lequel environne notre globe, & le presse de tous côtés ; la lune, selon ce philosophe, nage dans ce tourbillon elliptique, & lorsqu'elle se trouve dans la partie la plus allongée, elle fait moins d'impression sur la matiere éthérée qui environne la terre ; mais lorsqu'elle est dans la partie la plus étroite de ce tourbillon (*a*), elle cause une impression sur l'atmosphere dont les eaux doivent surtout se ressentir ; & il appuie cette explication par la remarque que le flux de la mer suit ordinairement l'irrégularité du cours de la lune.

Opinion de Descartes.

169. L'autre opinion sur la cause du flux & reflux est plus exactement conforme aux observations, & donnée par Képler & le Chevalier Newton. Elle est fondée sur

Opinion de Képler & du Chevalier Newton.

―――――――――――――
(*a*) *Cartesii Principia Philosoph. Part.* 4, *p.* 158.
159. *Voy. la figure.*

l'hypothèse que la lune attire les eaux de la mer, de façon que leur pesanteur sur la terre doit diminuer, lorsque cette planète se trouve être directement au-dessus des eaux ; & la pesanteur des eaux collatérales doit augmenter leur pression sur la terre ; & faire élever par conséquent les eaux dans le point correspondant de l'hémisphère opposé à la lune. L'action du soleil, dans ce système, concourt aussi avec celle de la lune dans la cause des marées; elles y sont plus ou moins fortes, suivant la différente situation respective de ces deux astres, qui, lorsqu'ils sont en conjonction, agissent de concert pour élever davantage les eaux du même côté, & quand ils sont en opposition produisent à-peu-près également le même effet en gonflant davantage les eaux de la mer dans les deux hémisphères opposés ; de sorte que, quand la lune est en quadrature avec le soleil, le flux étant causé par la différence de ces deux forces, dont l'une abaisse pendant que l'autre élève, il doit être moindre que lorsqu'elles agissent ensemble ; & le flux varie ainsi suivant les différentes positions de ces deux astres.

170. L'explication des Cartésiens a été indiquée par *Pytheas Massiliensis* (a), qui avoit observé que *les marées suivoient les inégalités du cours de la lune, dans leur accroissement & leur décroissement*; & Séleucus d'Erythrée, le Mathématicien (b), (qui *attribuoit à la terre un mouvement de rotation*) expliquoit aussi la cause des marées par *la force du tourbillon de la terre, combinée avec le mouvement de la lune*.

Opinions de Pythéas & de Séleucus

171. L'explication de Pline (c) a plus de

(a) Πυθέας ὁ Μασσαλιώτης τῇ πληρώσει τῆς σελήνης τὰς πληρεμύρας γίνεσθαι, τῇ δὲ μειώσει τὰς ἀμπώτιδας.

Pytheas Massiliensis ait incremento quidem lunæ accessus fieri, decremento recessus. *Plut. de Placitis, Lib.* 3, *c.* 17.

(b) Σέλευκος ὁ μαθηματικὸς κινῶν καὶ οὗτος τὴν γῆν, ἀντικόπτειν αὐτῆς τῇ δίνῃ φησὶ, καὶ τῇ κινήσει, τὴν περιφορὰν τῆς σελήνης.

Seleucus Mathematicus (movens & ipse Tellurem) ait ipsius vertigini, & motui, lunæ conversionem adversari. Idem ibid.

(c) Pluribus quidem modis, verùm causa in sole, lunâque. Bis inter duos exortus lunæ affluunt, bisque remeant, vicenis quaternisque semper ho-

Pline avoit allégué la même cause que le Chevalier Newton. rapport avec celle du chevalier Newton. « Ce grand Naturaliste prétendoit que le » soleil & la lune avoient réciproquement » part à la cause des marées, & après une

---

ris. Et primùm attollente se cum eâ Mundo intumescentes, mox à meridiano cœli fastigio vergente in occasum, residentes : rursùsque ab occasu subter cœli ima, & meridiano contraria accedente, inundantes : hinc donec iterùm exoriatur, se sorbentes. Nec unquàm eodem tempore, quo pridiè, refluí, ut ancillante sidere, trahenteque secum avido haustu maria, & assiduè aliundè, quàm pridiè, exoriente : paribus tamen intervallis reciproci, senisque semper horis, non cujusque diei, aut noctis, aut loci, sed æquinoctialibus : ideòque inæquales vulgarium horarum spatio ; utcùmque plures in eas aut diei, aut noctis, illarum mensuræ cadunt, & æquinoctio tantùm pares ubique.

Quippè modici novâ ad dividuam æstus, pleniore ab eâ exundant, plenâque maximè fervent : indè mitescunt. Pares ad septimam primis. Iterùmque alio latere dividuâ augentur. In coitu solis pares. Planè eâdem Aquiloniâ, & à terris longiùs recedente mitiores, quàm cùm in austros digressa, propiore nisu vim suam exercet. Per octonos quoque annos ad principia motus, & paria incrementa centesimo lunæ revocantur ambitu, augente eâ cuncta solis annuis causis, duobus æqui-

» suite d'obſervations de pluſieurs années,
» il avoit remarqué que la lune agiſſoit plus
» fortement ſur les eaux, lorſqu'elle étoit
» plus voiſine de la terre, & que l'effet
» de ſon action n'étoit ſenſible pour nous
» que quelque temps après que la lune avoit
» agi, vu l'intervalle qu'il doit y avoir en-
» tre la cauſe qui ſe paſſe dans les cieux,
» & les effets qui en réſultent ſur la terre «.
Auſſi remarque-t-on que les eaux, qui ont
la force d'inertie, ne perdent pas tout d'un
coup le mouvement qu'elles ont reçu dans
la conjonction de la lune avec le ſoleil, &
que cette force qu'elles ont commencé à
acquérir, peu-à-peu, avant la conjonction,
& qui les a obligées de s'élever, les conſerve

---

noctiis maximè tumer tes, & autumnali ampliùs quàm verno. Inanes verò brumâ, & magis ſolſtitio. Nec tamen in ipſis, quos dixi, temporum articulis, ſed paucis poſt diebus, ſicuti neque in plenâ, aut noviſſimâ, ſed poſteà: nec ſtatim ut lunam mundus oſtendat, occultetque, aut mediâ plagâ declinet, verùm duabus ferè horis æquinoctialibus feriùs tardiore ſemper ad terras omnium quæ geruntur in cœlo, effectu cadente, quàm viſu. *Plinii Hiſt. Natural.* L. 2, c. 97. p. 27, 28.

encore dans cette élévation, même après la conjonction.

Vertus de l'Aimant, expliquées par les Modernes ;

172. Il est peu de choses qui aient plus fixé l'attention des physiciens & avec moins de succès que les propriétés admirables de l'aimant ; on a hazardé de tout temps différentes pensées pour rendre raison des effets curieux de cette pierre métallique. Presque toutes s'accordent à supposer pour cause principale, des corpuscules particuliers qui circulent sans cesse autour & à travers de l'aimant, & un tourbillon de la même matière qui circule autour, & à travers de la terre. Sur ces suppositions, les philosophes modernes, & sur-tout Descartes & ses disciples, ont dit que l'aimant a deux poles comme la terre ; & que cette matiere magnétique, qui circule autour & sort d'un des poles de cette pierre pour rentrer par l'autre, cause cette impulsion qui unit le fer avec l'aimant, dont les petits corpuscules ont une analogie avec les pores du fer, qui leur donne sur ce corps la prise que leur peu d'affinité avec les pores des autres corps ne leur permet pas d'avoir.

C'est jusqu'ici tout ce qu'on a dit de plus raisonnable sur la vertu magnétique, & c'est ce qu'en avoient déja dit les Anciens.

173. Cette force d'impulsion qui unit le fer à l'aimant, & les autres corps à l'ambre, a été connue par Platon, qui la distingue même de la force attractive qu'il nie être la cause véritable (a). Ce philosophe appelloit l'aimant, pierre Herculienne, parce qu'elle s'assujettit le fer, qui dompte toutes choses. *Connues de Platon.*

174. Lucrèce avoit aussi connu la cause

(a) Τὰ θαυμαζόμενα ἠλέκτρων πέρι τῆς ἕλξεως, καὶ τῶν Ἡρακλείων λίθων, πάντων τούτων ὁλκὴ μὲν οὐκ ἔστιν οὐδενὶ ποτέ. τὸ δὲ κενὸν εἶναι μηδὲν, περιωθεῖν τε αὐτὰ ταῦτα εἰς ἄλληλα, τότε διακρινόμενα, καὶ συγκρινόμενα πρὸς τὴν αὑτῶν, &c.

Quæ de succino admirabilia commemorantur, nimirùm de illâ vi attrahendi, quam in ipso inesse dicunt, & de Herculeis lapidibus, reverà omnium illorum nullus fit attractus unquàm. *Quùm nullum autem fit vacuum, & hac ipsa sese mutuò ultrò, citròque impellant, & dùm res singulæ vel discernuntur, vel excernuntur, in suas quasque sedes variè commeent*, &c. **Plato in Timæo**, *p*. 80. C. Tom. 3.

Explication de Lucrèce & de Plutarque la même que celle des Modernes. de la propriété de cette pierre, & a sans doute fourni à Descartes l'idée de son explication ; il admettoit en effet » un tour-» billon de corpuscules ou de matiere ma-» gnétique, circulant sans cesse autour de » l'aimant, & qui chassoit l'air qui se trou-» voit entre le fer & cette pierre : l'air » chassé de l'espace qui sépare ces deux » corps, forme un vuide, dit ce philoso-» phe, lequel n'opposant plus aucune rési-» stance à l'approche du fer, ce dernier est » porté par une force impulsive, ou l'air qui » le pousse par derriere, & est obligé par-» là de tendre avec impétuosité vers l'aimant » & s'unir à lui *(a)*. Plutarque est aussi du » même sentiment : il disoit » que l'ambre

---

(*a*) Principio fluere lapide hoc permulta necesse est
 Semina ; sivè æstum qui discutit aëra plagis,
Inter qui lapidem, ferrumque est cùmque locatus.
 Continuò fit, uti qui post est cùmque locatus
Aër, à tergo quasi provehat, atque propellat :
Trudit, & impellit, quasi navim, velaque ventus.

      Lucretius, Lib. 6, v. 1000.

» n'attiroit rien de ce que l'on lui préſen-
» toit non plus que l'aimant : cette pierre,
» ſelon lui, jette hors de ſoi une matiere,
» laquelle chaſſe l'air voiſin, & forme par-
» là un vuide ; cet air chaſſé pouſſe l'air
» qui eſt devant lui, lequel en circulant
» revient ſur le lieu vuide, & par une force
» impulſive oblige le fer qu'il rencontre à
» ſe porter vers l'aimant. Il ſe propoſe en-
» ſuite une difficulté ; ſçavoir pourquoi le
» tourbillon qui circule autour de l'aimant
» ne pouſſe pas le bois ou la pierre, mais
» ſeulement le fer ; & il y répond, comme
» Deſcartes, que *les pores du fer ayant plus*
» *d'analogie aux particules du tourbillon qui*
» *circule autour de l'aimant, cette affinité leur*
» *donne une priſe ſur le fer qu'ils n'ont pas ſur*
» *les autres corps, dans les pores deſquels ils*
» *ne rencontrent pas la même analogie* (a).

(a) Electrum nihil attrahit eorum quæ ei appoſita ſunt, neque Heracleus lapis. Sed lapis hic halitus emittit graves, quibus continens aër impulſus, eum qui ante ſe eſt trudit, isque in orbem agitatus, ac ad vacuum revertens locum, vi unà trahit ferrum.... Cur verò neque lapidem aër, neque

175. Comme je n'entreprends point de faire ici une déclamation inutile en faveur des Anciens, je passe sous silence tout ce que plusieurs auteurs ont rapporté de leur connoissance des autres propriétés de l'aimant, & sur-tout de celle de la direction vers le pole Septentrional (*a*), par le se-

Quelques auteurs prétendent que les Anciens ont connu la boussole & la déclinaison de l'aiguille aimantée.

lignum, sed ferrum modò ad Heracleum promovet lapidem ? quia ferrum habet meatus quosdam, & transitus, atque asperitates, quæ ob inæqualitatem aëri proportione respondent, quibus efficitur ut non elabatur aër, sed sedibus quibusdam receptus, cùm in id ad lapidem revertens incidat, unà secum rapiat, atque perferat. *Plutarch. Platonic. Quæst. Tom.* 2, *p.* 1005. C. D.

Alexander Aphrodisæus, Quæstion. Natural. Lib. 2, c. 23. citat opinionem Empedoclis existimantis *defluxus quosdam corpusculorum tùm ex magnete, tùm ex ferro fieri, & esse in utroque poros sibi mutuò commensuratos.* Subjungit etiam opinionem Democriti, *idem referentis ad effluxiones atomorum.* Vid. & Gassendi opera, Tom. 2, p. 108, col. 2. Galen. de Natural. facult. Lib. 1, c. 14.

(*a*) Albert. Magn. opera, Tom. 2. in Lib. de Mineralibus, Tractat. 3. c. 6. p. 243. col. 2. Adhùc autem Aristotelis in Lib. de Lapidibus dicit : angulus magnetis cujusdam est, cujus virtus apprehen-

cours

cours de laquelle on prétend qu'ils avoient entrepris de longues navigations ; l'un veut que les Egyptiens, les Phéniciens & les Carthaginois n'aient pas ignoré cette direction de l'aimant, & qu'ils aient employé la bouſſole pour ſe guider dans leurs longs voyages ſur mer ; mais qu'enſuite l'uſage s'en ſoit perdu, de même que la maniere de teindre en pourpre connue des Anciens, leur art de broder, leur maniere de faire la brique & le ciment qui réſiſtoient à toutes les injures de l'air & du temps. Le Jéſuite Pinéda, Eſpagnol, & Kircher même ont prétendu que Salomon avoit auſſi connu la bouſſole & que ſes ſujets s'en étoient ſervi pour aller à la terre d'Ophir. On al-

---

dendi ferrum eſt ad zoron, hoc eſt ſeptentrionalem : & hoc utuntur nautæ : angulus verò alius magnetis illi oppoſitus trahit ad aphron, id eſt polum meridionalem : & ſi approximes ferrum versùs angulum zoron, convertit ſe ad ferrum zoron : & ſi ad oppoſitum angulum approximes, convertit ſe directè ad aphron. Vid. & *Albertum Mag. de metallis Lib.* 1, *tract.* 3, *cap.* 6. & *Ariſtotel. de Lapidibus.*

lègue même un passage de Plaute (a), dans lequel on veut qu'il ait eu dessein de parler de la boussole ; mais je renonce à seconder les vues de ces auteurs sur cette particularité, ne trouvant aucun passage précis chez les Anciens qui puisse appuyer leurs prétentions (b).

176. On aura peine à croire que la véritable cause de l'électricité ait été connue des Anciens ; cependant on la trouve indi-

---

(a) Huc secundus ventus nunc est ; cape modò Vorsoriam,
 Stasime ; cape Vorsoriam, recipe te ad Herum.
 ¡ In Mercatore, Act. 5, Scen. 2, & in Trinummo. Kircher de opere magnetico, Part. 1.
 Hervasus, admiranda Ethnica Theolog. Mysteria. Anr. 1623.

(b) » On peut consulter Pancirole *de Rebus deperditis* sur les connoissances des Anciens que nous » ignorons encore à présent ; entre autres au Livre » premier, chap. 1. 35, 36, 39. sur la chaleur pourpre, la ductilité du verre & les effets de la musique ancienne. Voy. sur-tout *Dion. Cassium, Histor. in Tiber. Lib.* 57, p. 617. *E. Plinium. Lib.* 36, c. 26, &c. *Isidorum, de Originib. L.* 20 in Lib. 16. c. 15. pour la ductilité du verre.

quée dans l'ouvrage sur l'ame du Monde de Timée de Locres, qui est un des premiers monumens de la philosophie ancienne. Les sentimens des Physiciens modernes sont partagés, il est vrai, sur ce point; mais c'est plutôt dans la maniere différente d'expliquer les causes & les directions des mouvemens différens de la matiere électrique, que sur la cause même de l'électricité; ils ne disent point en quoi consiste l'essence de cette matiere; ils ne la définissent que par ses propriétés, & n'en expliquent que les effets; mais tous cependant conviennent qu'il existe une *matiere* électrique, *très-fluide & très-subtile*, rassemblée autour des corps électrisés; & qui, par ses mouvemens, est la cause des effets de l'électricité que nous appercevons, lorsque *après avoir été chassée* par le frottement (ou toute autre cause) des corps électrisés, *elle y rentre avec force*, & entraîne avec elle les petits corps qui se trouvent dans son tourbillon; or c'est précisément ce qu'en dit Timée, lorsque, voulant rendre raison de la propriété de l'ambre d'attirer les corps,

C ij

il dit que c'est *parce qu'il sort de l'ambre une matiere subtile (ou un esprit, πνεύματος) par le moyen de laquelle il attire à soi d'autres corps* (a).

Si les Fleuves retournent à leurs sources ?

177. Les sentimens sont encore partagés parmi les Modernes sur la raison pourquoi les fleuves se rendant constamment à la mer, ne grossissent pas tellement le volume de ses eaux, qu'ils aient déja rempli son lit; une des principales solutions de cette difficulté est que ces fleuves retournent à leur source par des passages souterrains, ou des canaux que la Nature a pourvus pour cet effet; & qu'il y a entre la mer & les sources des rivieres, des fleuves & des fontaines, une circulation analogue à celle qui se fait du sang dans le corps humain.

Cette question agitée parmi les Anciens.

178. Cette explication de l'origine des fleuves & la comparaison même de leur circulation est prise de Sénèque, qui rend

---

(a) Τὸ δ' ἑλκτικὸν ἐκκριθέντος τοῦ πνεύματος ἀναλαμβάνει τὸ ὅμοιον σῶμα : Siccinum verò, excreto spiritu, suscipit simile corpus. *Timée de Locres, Edit. Serrani*, p. 102. A.

compte non-seulement de la raison pourquoi ils ne remplissent pas le lit de la mer, parce qu'ils retournent à leur source par des routes secrettes, pratiquées par la Nature; mais ajoûte encore que la raison pour laquelle l'eau des fontaines & des rivieres ne conserve point l'amertume qu'elle devroit tirer de son origine, vient de ce qu'elle est filtrée dans le grand circuit qu'elle parcourt sous terre, par des sentiers si détournés & si variés, & à travers tant d'espèces de terroirs différens, qu'il n'est pas possible qu'elle ne s'y dépouille de l'amertume de son goût, & ne se transmette à sa source dans le même degré de pureté qu'elle en étoit partie (a).

(a) Terra quidquid aquarum emisit, rursùs accipit: & ob hoc, maria non crescere: occulto enim itinere subit terras, & palàm venit, secreto revertitur, colaturque in transitu mare: quod per multiplices anfractus terrarum verberatum, amaritudinem ponit, & pravitatem saporis in tantâ soli varietate exuit, & in sinceram aquam transit. *Senec. Quæst. Natural. L. 3, c. 5 & 15.*

Partim quod subter per terras diditur omnes.
Percolatur enim virus, retróque remanat

C iij

DE LA SOURCE DES FLEUVES.

Sentiment de l'Ecclésiaste.

179. L'Ecclésiaste a aussi un passage aussi élégant que philosophique sur le même sujet & dit à-peu-près la même chose en peu de mots. » Les fleuves entrent dans la » mer, dit le Sage, & la mer ne regorge » pas ; ils reviennent à la source d'où ils » étoient partis pour recommencer de nou- » veau leur cours (*a*).

Materies humoris, & ad caput amnibus omnis
Convenit ; indè super terras fluit agmine dulci,
Quâ via secta semel liquido pede detulit undas.
    Lucr. Lib. 5, v. 269.

(*a*) כל הנחלים הלכים אל הים הים איננו מלא: אל מקום שהנחלים הלכים שם הם שבים ללכת.

Omnia flumina intrant in mare, & mare non redundat : ad locum undè exeunt flumina, revertuntur, ut iterùm fluant. *Ecclesiast. c. 1, v. 7.*

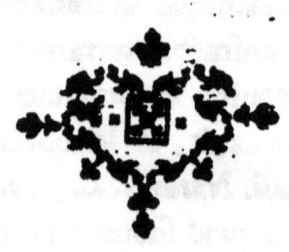

CHAPITRE III.

De la circulation du Sang & des Trompes de Fallope.

180. La Médecine nous fournit auſſi quelques exemples frappans de l'injuſtice faite aux Anciens en cherchant à les priver de la gloire d'avoir fait les découvertes les plus importantes dans cette ſcience. J'apporterai deux ou trois preuves de cette vérité qui ſont de la derniere évidence; & il ne tiendra qu'au lecteur d'appercevoir dans les paſſages que je produirai pour appuyer ces preuves, non-ſeulement des traces, mais même des leçons claires, par leſquelles il paroît que les Anciens enſeignoient les choſes dont on va juſqu'à leur diſputer la connoiſſance. *Les Anciens ont excellé dans la Médecine.*

181. Il eſt à remarquer, à l'égard de la Médecine, qu'il n'y a pas de ſcience qui ait été perfectionnée de meilleure heure: dans l'eſpace de plus de deux mille ans qui ſe ſont écoulés depuis Hippocrate, on a à *Juſtice rendue à Hipocrate.*

peine ajouté un nouvel aphorisme à ceux que ce grand homme a donnés; malgré tous les soins & toutes les observations de tant de grands hommes qui se sont appliqués à l'étude de cette science.

Almeloveen le justifie de n'avoir pas parlé plus clairement de la circulation du sang.

182. Je laisse à part l'idée de quelques auteurs modernes (*a*), qui ont prétendu prouver que Salomon avoit eu connoissance de la circulation du sang, pour passer aux témoignages plus certains que me fournira Hippocrate sur ce point. On ne pourra pas nier, après les avoir examinés, que cet habile Médecin ne connût ce dont il a parlé si clairement. Un sçavant Moderne (*b*) voulant justifier ce pere de la Médecine de ce qu'il ne s'est pas étendu

───────────────

(*a*) *Bontekoe de vita humana sanitate*, p. 278. *Witsius, Miscellanea sacra*, tom. 2, p. 164.— *Holtingerus, in Bibliographiâ Physico-sacrâ* — *Scheuchzer, Physique sacrée*, tom. 7. p. 181. col. 2. qui rapporte là-dessus le sentiment de Praunius tiré d'un de ses manuscrits. *J. Smith, in Phil. Transact.* N. 14. *Warliz, in Valetudine senum.*

(*b*) *Almeloveen Inventa Nov—antiqua*, p. 225. *Amst.* 1684. *in-12.*

davantage dans ses ouvrages sur ce sujet, en donne pour raison qu'Hippocrate, ayant tant d'autres choses importantes à traiter, avoit jugé inutile de parler de celle-ci, qui étant déja connue, pouvoit être enseignée par d'autres ; ce qui eût été alors la même chose que s'il eût entrepris d'écrire une Iliade après Homere.

183. En effet il est difficile de se persuader qu'Hippocrate n'ait pas connu la circulation du sang, lorsqu'on lui entend dire » que toutes les veines communiquent » entre elles, & coulent les unes dans les » autres (*a*) ; que les veines qui sont répan-

Passages d'Hippocrate qui font voir qu'il a connu la circulation du sang.

―――――

(*a*) *Hippocrates, Edit. van-der-Linden. Lug. Bat. 1665. t. 1. p. 367. Sect. 9. de Locis in homine.* Κοινωνέουσι δὲ πᾶσαι αἱ φλέβες, κὶ διαῤῥέουσι ἐς ἑωυτάς. *Communicant autem omnes venæ & confluunt inter se mutuò.* » Entre tous ceux qui ont soutenu qu'Hip- » pocrate avoit connu la circulation du sang, se » sont distingués : *J. Antonides van-der-Linden, Hippocrates de circulatione sanguinis, Leidæ* 1659. *Philip. Jacob. Hartmannus, de peric. vet. anat. Pierre Barra Hippocrate de la circulation du sang & des humeurs. Lyon*, 1682. *in-*12. *Carolus Patinus, circulationem sanguinis veteri-*

» dues par tout le corps, & qui y portent
» l'esprit, le flux & le mouvement, sont
» toutes des branches d'une seule veine (*a*).
» J'avoue que je ne sçais point, dit-il,
» d'où elle tire son principe, ni où elle finit;
» car dans un cercle on ne peut trouver ni
» le commencement ni la fin. Plus loin il
» dit, que le cœur est la source des artères,
» par lesquelles le sang est porté dans tou-
» tes les parties du corps, & y communi-
» que la vie & la chaleur (*b*) : il ajoûte que

---

bus cognitam fuisse. Patav. 1685. *in*-4.—*Laurentius Heisterus, an sanguinis circulus veteribus incognitus fuerit*. Helmst. 1721, *in*-4. Enfin, dans le livre des Fiévres, publié en 1723 par M. Noël Falconer.

(*a*) Αἱ φλέβες διὰ τοῦ σώματος κεχυμέναι, πνεῦμα, ϰὴ ῥεῦμα, ϰαὶ κίνησιν παρέχουσαι, ἀπὸ μιᾶς πολλαὶ διαβλαστάνουσι. ϰαὶ αὕτη μὲν ἡ μία ὅθεν ἄρχεται, ϰαὶ ᾗ τετελεύτηκεν, οὐκ οἶδα· κύκλου γὰρ γεγενημένου ἀρχὴ οὐχ εὑρέθη. *Venæ per corpus diffusæ, spiritum, & fluxum, ac motum exhibent, ab unâ multæ germinantes, atque hæc una undè oriatur, & ubi desinat, non scio : circulo enim facto, principium non invenitur*. Idem, tom. 1, pag. 304. Sect. 17, *Lib. de venis*.

(*b*) Ῥίζωσις ἀρτηριῶν καρδίη. ἐκ τούτων ἀποπλανᾶται ἐς πάντα αἷμα, ϰαὶ πνεῦμα, ϰαὶ θερμασίη διὰ τούτων

» ce sont les ruisseaux qui arrosent le corps
» humain, & portent la vie dans toutes les
» parties de l'homme (*a*) » : il dit dans un
autre endroit, que le cœur & les veines
sont toujours en mouvement (*b*) ; il compare le cours des fleuves, qui retournent
à leur source, par des voies extraordinaires, *à la circulation du sang* (*c*) : il ordonnoit la saignée, afin de procurer un mou-

---

φοιτᾶ. Radicatio arteriarum cor : ex his aberrant
in omnia sanguis, & spiritus, & calor per hæc
meat. *Idem, tom.* 1, *de Alimento, pag.* 596,
Sect. 7.

(*a*) Αὗται πηγαὶ φύσιος ἀνθρώπου, κỳ οἱ ποταμοὶ ἐνταῦθα
ἀνὰ τὸ σῶμα, τοῦτοι περϊοῦσι τὸ χρῶος, οὗτοι δ κỳ ζωὴν
φέρουσι τῷ ἀνθρώπῳ. Hi fontes sunt humanæ naturæ,
& hîc flumina sunt, quibus totum corpus irrigatur : atque hi etiam vitam homini conferunt. *Idem
de corde, tom.* 1, *p.* 291. Sect. 5.

(*b*) » Les Anciens donnoient souvent le nom de
» veines aux artères. Ἡ καρδίη, καὶ αἱ κοῖλαι φλέβες ἀπόλαι κίει. Cor, & venæ cavæ semper moventur. *Idem Lib. de Principiis, tom.* 1 : *p.* 116. Sect. 7.

(*c*) Ποταμοὶ δὲ μὴ κατὰ τρόπον γινόμενοι, αἵματος περίοδον σημαίνουσι. Flumina autem non solito more
fluentia sanguinis periodum significant. *Idem de
Insomniis. pag.* 460. *tom.* 1, Sect. 13.

vement libre au sang & aux esprits dans l'apoplexie ou autres accidens semblables, dont il attribuoit la cause à l'obstruction qui se trouvoit alors dans les veines, & intercetoit les passages; il dit encore, que *lorsque la bile entre dans le sang, elle dérange sa consistance & trouble son cours ordinaire* (a); de plus il compare cet admirable méchanisme à des pelotons, dont les fils reviennent les uns sur les autres, & dit que dans le corps il se fait de même un circuit qui se termine où il a commencé (b): enfin on trouve mille endroits dans cet auteur, par lesquels on voit clairement que la circulation du sang lui a été connue; & que je me contenterai d'indi-

---

(a) *Idem. de Diætâ acutor. Lib.* 4... *de Morbis, Lib.* 1, *cap.* 28.

(b) Τῆτο πτελάδος ὡς τῷ σώματι ὁπόθεν ἄρχεται, ἰπὶ τῆτο τελευτᾶ. Plicatores, ac textores ducentes in orbem fila plicant, à principio in principium desinunt. Idem circuitus in corpore est : undè incipit, in hoc definit. *Idem de Diætâ, Lib.* 1, *Sect.* 15, *n.* 26, 27. *Edit. van-der-Linden, & Juntarum, tom.* 2, *pag.* 379. B.

quer, pour ne pas être trop prolixe, en voulant les rapporter tous (*a*).

184. Platon est le premier après Hippocrate qui ait parlé avec quelque clarté de la circulation du sang; il pensoit *que le cœur étoit la source des veines & du sang qui se porte rapidement dans toutes les parties* (*b*); & que, lorsque le sang s'épaississoit, *il couloit plus difficilement par les veines* (*c*).

Passages de Platon;

185. Aristote regardoit aussi le cœur comme le principe & la source des veines & du sang; il disoit qu'il sort deux veines

d'Aristote;

(*a*) *Vide eundem de Morbis, Lib.* 1, *pag.* 33. Sect. 29... *de Insomniis* Sect. 13... *Epidemic. Lib.* 6, Sect. 6... *De naturâ pueri... De locis in homine.*

(*b*) Τὴν δὲ δὴ καρδίαν ἅμα τῶν φλεβῶν, κ᾽ πηγὴν τῦ περιφερομένυ κατὰ πάντα τὰ μέλη σφοδρῶς αἵματος. *Cor verò venarum originem, fontemque sanguinis per omne corpus impetu quodam manantis. Plato in Timæo. Edit. Ficini, Lugd.* 1590. *p.* 543.

(*c*) Μητὶ ἂν συςιότερον (αἷμα), δυσκίνητον ὂν, μόλις ἀντιςρέφοιτο ἐν ταῖς φλεψί. *Neque si crassior sit (sanguis) ad motum fiat ineptior, atque ægrè per venas fluat, & refluat. Plat. in Timæo. Edit. Ficin. pag.* 549. *lin.* 57. *& seq.*

Vide & versionem Serrani, Edit. Steph. tom. 3. *pag.* 70. 82 *& 85.*

du cœur, l'une du côté droit, & *l'autre du côté gauche*, à laquelle il a le premier donné le nom d'*aorte* ; & il soutenoit que *les artères avoient une communication avec les veines, & que celles-ci leur étoient intimement liées* (a).

De Julius Pollux ;

186. Julius Pollux, dans son Onomasticon, décrivant toutes les parties du corps & leur usage, dit entre autres choses, en parlant des artères, qu'elles sont les chemins & les canaux de l'esprit, comme les veines sont ceux du sang ; & en parlant du cœur il dit, qu'il a deux cavités,

---

(a) Ἀποτείνει γὰρ ἐκ τῶν πλαγίων φλεβῶν, φλεβία διπλᾶ ἐκ τῆς μεγάλης φλεβὸς, κ᾽ τ᾽ ἀρτηρίας παρ᾽ ἱκάτερον πλευρὰν, κ᾽ φλέβα, κ᾽ ἀρτηρίαν παρακείσθαι. τὰς δὲ φλέβας κ᾽ τὰς ἀρτηρίας συνάπτειν.

Nam è lateribus venæ magnæ, & arteriæ exiles venæ utrinque derivantur, per obliquum scilicet, & venæ cuilibet arteria sua est adjuncta. Quod autem venæ, & arteriæ, inter se committantur, sensu quoque ipso manifestum est. *Aristot. opera de Partibus animal. Lib. 3, c. 4, & tom 1, pag. 752. D. E. & 753. Vid. & tom. 1, 689. A. & 690. E.*

dont l'une a communication avec les artères & l'autre avec les veines (*a*).

187. Apulée exposant la doctrine de Platon, parle aussi de la circulation du sang & la décrit aussi clairement que les Modernes en peu de mots; il ne dit pas, il est vrai, que le sang sorte du cœur par les artères, mais il *lui fait prendre la route des poumons en sortant du cœur, pour se répandre ensuite dans toutes les parties du corps* (*b*).

d'Apulée;

188. Enfin Némésius, évêque d'Emisse, lequel peut être compté parmi les Anciens, parce qu'il vivoit dans le quatrième siècle, a aussi un passage très-clair là-dessus, dans lequel il dit, » que le mouvement du pouls

de Némésius;

(*a*) *Julius Pollux de Naucratis* en Egypte, qui florissoit l'an 180 de J. C. dans son *Onomasticon* imprimé à *Amsterdam* en 1706. 2 *vol. fol. Lib.* 2, cap. 4, Sect. 215.

(*b*) Sic exponit sententiam Platonis. Sed regione cordis venarum meatus oriuntur, per pulmonis spiracula vivacitatem transferentes, quam de corde susceperunt, & rursus ex illo loco divisæ per membra, in totum hominem juvant spiritum. *Apuleïus, in libro de dogmate Platonis, Edit. Aldi* 1521, *in-*8. pag. 200.

» a son origine dans le cœur, & particu-
» lièrement dans le ventricule gauche de
» ce viscère. L'artère est dilatée, & puis
» retirée avec beaucoup de force par une
» sorte d'ordre & d'harmonie continuelle:
» lorsqu'elle se dilate, elle attire les parties
» les plus subtiles du sang des veines pro-
» chaines, & de l'exhalaison ou vapeur de
» ce sang se fait l'aliment des esprits vi-
» taux; mais lorsqu'elle se contracte, elle
» exhale toutes les fumées qu'elle con-
» tient dans tout ie corps, & par des pas-
» sages secrets (a).

―――――――――――――――――――――

(a) Erudissimus ille, quisquis fuerit, qui editionem Nemesii de Naturâ hominis Græco-Latinam Oxonii procuravit, in Præfatione, circuitum sanguinis Nemesio cognitum fuisse contendit. *Si hæc autem*, inquit, *leviora videantur, quid demùm dicemus, si ratio circulationis sanguinis, in quo uno invento sæculum hoc tantoperè se effert, Nemesio dudùm sit agnita, verbisque satis significantibus adumbrata?* Consulat Lector cap. 24 & dijudicet, num temerè hæc dicantur: ἀλλὰ διαστέλλει μὲν ἐκ τῶν παρακειμένων φλέβων λεπὶ τῇ ὁλκῇ τὸ λεπτὸν αἷμα. Ad quæ verba hæc doctus ille vir annotavit: *In sanguinis circulatione arteria pneumonica trahunt ex*

189. Il paroît par ce que l'on vient de dire que la circulation du sang a été connue des Anciens, & qu'ils ne se sont pas expliqués davantage sur ce sujet par les raisons déja alléguées ; & ce qui réduit à peu de chose la part que peut avoir Harvey à l'honneur de cette découverte, est que Servet avoit déja parlé avant lui de la circulation du sang assez clairement dans la cinquième Partie de son Livre *De Christianismi restitutione*, ouvrage d'une si grande rareté, qu'il est peu de personnes qui puissent se vanter de l'avoir vu imprimé (a).

de Michel Servet, & d'André Césalpin.

---

venâ cavâ, & arteria magna ex venis pneumonicis ; utrumque tamen mediante corde. Si addidisset venas alibi trahere ex arteriis adjacentibus, nihil rectius dici potuisset. *Almeloveen*, p. 223.

(a) » Servet a publié le même Livre sous deux ti-
» tres différens ; celui pour lequel il fut brûlé à
» Genève en 1553 est intitulé : *De Trinitate Di-*
» *vinâ Libri septem*, & n'avoit été imprimé que
» quelques mois avant la mort de l'Auteur. Le soin
» que l'on prit d'en brûler tous les exemplaires à
» Vienne en Dauphiné, à Genève & à Francfort, a
» rendu ce Livre d'une si grande rareté que l'on pré-
» tend qu'il n'en existe que trois ou quatre exem-

M. Wotton dans ses *Réflexions sur les Anciens & les Modernes* cite ce passage de Servet que les curieux ne seront pas fâchés de trouver ici en entier (*a*). Dans ce passage

» plaires, dont un étoit en 1613 dans la Biblio-
» thèque du Landgrave de Hesse-Cassel. J'ai eu en-
» tre les mains un autre exemplaire qui avoit ap-
» partenu au Docteur Friend, & dans lequel ce
» même passage rapporté à la note suivante se
» trouve aux pages 143, 144 & 145. Le livre est
» sans nom du lieu où il a été imprimé & sans date.

(*a*) Vitalis est spiritus, qui per *anastomosin* ab arteriis communicatur, in quibus dicitur naturalis. Primus ergò est sanguis, cujus sedes est in hepate, & corporis venis: secundus est spiritus vitalis, cujus sedes est in corde, & corporis arteriis: tertius est spiritus animalis, cujus sedes est in cerebro, & corporis nervis.

Ut autem intelligatur quomodò sanguis est ipsissima vita, priùs cognoscenda est substantialis generatio ipsius vitalis spiritûs, qui *ex aëre inspirato*, & subtilissimo sanguine *componitur*, & nutritur. *Vitalis spiritus in sinistro cordis ventriculo suam originem habet, juvantibus maximè pulmonibus ad ipsius perfectionem.* Est spiritus tenuis, caloris vi elaboratus, flavo colore, igneâ potentiâ, ut sit quasi ex puriore sanguine lucens vapor, sub-

Servet distingue trois sortes d'esprits dans le corps humain, & dit »que le sang,

stantiam continens aquæ, aëris, & ignis. *Generatur ex factâ in pulmone commixtione inspirati aëris cum elaborato'subtili sanguine, quem dexter ventriculus sinistro communicat.*

Fit autem communicatio hæc non per parietem cordis medium, ut vulgò creditur; sed *magno artificio à dextro cordis ventriculo, longo per pulmones ductu, agitatur sanguis subtilis, à pulmonibus præparatur, flavus efficitur, & à venâ arteriosâ in arteriam venosam transfunditur : deinde in ipsâ arteriâ venosâ inspirato aëri miscetur, & exspiratione à fuligine expurgatur. Atque itâ tandem à sinistro cordis ventriculo totum mixtum per diastolen attrahitur, apta supellex ut fiat spiritus vitalis.*

Quòd ita per pulmones fiat communicatio, & præparatio, docet conjunctio varia, & communicatio venæ arteriosæ cum arteriâ venosâ in pulmonibus.

Paulò infrà : Ille itaque spiritus vitalis *à sinistro cordis ventriculo in arterias totius corporis deinde transfunditur*, itâ ut qui tenuior est, superiora petat, ubi magis elaboratur, præcipuè in plexu retiformi sub basi cerebri sito, ubi ex vitali fieri incipit animalis, ad propriam rationalis animæ rationem accedens. Michael Servetus *Quintâ Parte Christianismi Restitutionis* à Wottone, & citatus. Douglas, *Bibliograph. Anatomic. specimen*, p. 104.

D ij

» qu'il appelle esprit vital, est répandu dans
» le corps par l'*anastomose* (ou l'inoscula-
» tion de deux vaisseaux par leurs extrémi-
» tés): » sur quoi il faut remarquer que Servet a le premier employé ce terme pour
expliquer la communication des artères
avec les veines. Il fait contribuer » l'air
» répandu dans les poumons à la forma-
» tion du sang, lequel il fait venir du ven-
» tricule droit du cœur, par le canal de
» l'artère pulmonaire ; il dit que le sang
» est préparé dans les poumons par un mou-
» vement de l'air qui l'agite, le subtilise &
» se mêle avec cet esprit vital, lequel en-
» suite par le mouvement de diastole est
» reçu dans le cœur comme un fluide pro-
» pre à porter la vie avec lui. Il soutient
» que cette communication & cette prépa-
» ration du sang dans les poumons est ren-
» due évidente par la jonction des veines
» avec les artères dans ce viscère ; & il
» conclut par dire que le cœur ayant reçu
» le sang ainsi préparé du poumon, le re-

Haller, *Method. stud. Med.* p. 383, » dit que Servet n'a » fait qu'exposer le sentiment de Galien.

DU SANG. 53

» jette ensuite par le moyen de l'artère du
» ventricule gauche, appellée l'aorte, qui
» le distribue dans toutes les parties du
» corps «. André Césalpin, qui vivoit aussi
dans le seizième siècle, a deux passages qui
contiennent précisément tout ce que l'on
sçait de la circulation du sang. Il explique
au long » comment le sang, sortant du ven-
» tricule droit du cœur par l'artère pulmo-
» naire pour passer dans le poumon, rentre
» par anastomose dans les veines pulmo-
» naires (a), pour se rendre dans le ventri-

(a) Idcircò pulmo per venam arteriis similem ex dextro cordis ventriculo fervidum hauriens sanguinem, eumque per anastomosin arteriæ venali reddens, quæ in sinistrum cordis ventriculum tendit, transmisso interim aëre frigido per asperæ arteriæ canales, qui juxta arteriam venalem protenduntur, non tamen osculis communicantes, ut putavit Galenus, solo tactu temperat. Huic sanguinis circulationi ex dextro cordis ventriculo per pulmones in sinistrum ejusdem ventriculum optimè respondent ea, quæ ex dissectione apparent. Nam duo sunt vasa in dextrum ventriculum desinentia, duo etiam in sinistrum : duorum autem unum intromittit tantùm, alterum educit, membranis eo ingenio

» cule gauche du cœur, & être ensuite di-
» stribué par l'aorte dans toutes les parties
» du corps (a).

constitutis. Vas igitur intromittens vena est magna quidem in dextro, quæ cava appellatur; parva autem in sinistro ex pulmone introducens, cujus unica est tunica, ut cæterarum venarum. Vas autem educens arteria est magna quidem in sinistro, quæ aorta appellatur; parva autem in dextro, ad pulmones derivans, cujus similiter duæ sunt tunicæ, ut in cæteris arteriis. *Quæstionib. Peripateticis, Lib.* 5, 125. *Edit. Junta*, 1593, *in-4.*

» Remarquez que la premiere Edition du Livre de
» Césalpin a paru en 1571 à Venise; c'est-à-dire,
» près de 60 ans avant l'ouvrage d'Harvey, qui a
» fait ses études à Padoue près de Venise, où il a
» aussi séjourné long-temps ». Boerhaavius, in Methodo studii Medici, p. 4, c. 2, p. 79, Edit. Amst. dicit *Cesalpinum primum fuisse inventorem circulationis sanguinis, sed non evulgavisse, nec eò usquè penetravisse quò Harveius.* Voyez aussi Galien *de usu partium*, Lib. 7. cap. 7, 8 & 9.

(a) An solvitur dubitatio ex eo quod scribit Aristoteles de som. cap. 3 ubi inquit: Necesse enim quod sevaporatur aliquò usquè imp..., deindè converti, & permutari sicut Euripum: calidum enim cujusque animalium ad superiora natum est ferri: cùm autem in superioribus locis fuerit,

190. Jean Léonicénus dit que le fameux Paul Sarpi, connu autrement sous le nom de Fra-Paolo, avoit découvert la circulation du sang, & connu *les valvules des veines, semblables à des soupapes, qui s'ouvrent pour donner passage au sang, & qui se ferment pour s'opposer à son retour* ; & qu'il communiqua son secret à *Fabricius ab Aquapendente*, Professeur en Médecine à Padoue dans le seizième siècle, & successeur de Fallope, & que Fabricius le dé-

Harvey ne l'a pas enseignée le premier parmi les Modernes.

---

multum, simul iterùm revertitur, ferturque deorsùm. Hæc Aristoteles.. Pro cujus loci explicatione illud sciendum est : Cordis meatus ità à naturâ paratos esse, ut ex venâ cavâ intromissio fiat in cordis ventriculum dextrum, undè patet exitus in pulmonem : ex pulmone præterea alium ingressum esse in cordis ventriculum sinistrum ; ex quo tandem patet exitus in arteriam aortam, membranis quibusdam ad ostia vasorum appositis, ut impediant retrocessum : sic enim perpetuus quidam motus est ex venâ cavâ per cor, & pulmones in arteriam aortam : ut in quæstionibus Peripateticis explicavimus. *In Quæst. Medicis, Lib.* 2. *Quæst.* 17, *pag.* 234.

couvrit à Harvey, qui étudioit sous lui à Padoue.

<small>Trompes de Fallope connues des Anciens.</small>

191. Il y a une autre découverte importante dans l'Anatomie (*a*), attribuée à Fallope, laquelle a cependant une origine plus ancienne ; je veux parler des deux conduits qui naissent des côtés de la matrice, dont l'usage est de conduire la semence ou les œufs de la femelle, des ovaires dans la matrice, & que l'on appelle *Tubæ Fallopii* ou *Trompes de Fallope*, parce qu'elles ont à-peu-près la figure d'une trompette, & passent pour avoir été dé-

---

(*a*) " Ce seroit une chose aussi longue qu'ennuyeuse de vouloir rapporter ici toutes les découvertes des Anciens dans l'Anatomie, la Chirurgie & la Médecine ; un sçavant Chirurgien du Roi de la Grande-Bretagne observe dans l'ouvrage de M. Wotton que les Anciens ont eu bien des connoissances en Chirurgie que nous n'avons plus : par exemple, ils ouvroient avec succès le larynx dans l'esquinancie ; ce qu'aucun Chirurgien moderne ne se soucie d'entreprendre : on le fait cependant quelquefois. Voyez Friend, *Histoire de la Médecine*, Partie I, pag. 109, 110.

couvertes par Fallope, Modénois, mort en 1562. On les trouve cependant décrites dans Ruffus d'Ephese de la maniere suivante : ,, Hérophile (*a*), dit-il, croyoit que ,, les femmes n'ont point de paraſtates va- ,, riqueux, mais nous avons trouvé, en ,, examinant la matrice d'une bête, cer- ,, tains vaiſſeaux qui naiſſent des teſti- ,, cules, & qui étant repliés de côté & ,, d'autre, en forme de varices, vont abou-

---

(*a*) Ἡροφίλῳ μὲν γὰρ ὁ δοκεῖ τὸ θῆλυ κιρσοειδεῖς ἔχειν παραστάτας, ἐν δὲ προβάτου ὑστέρᾳ ἴσδομεν ἐκ τ διδύμων πιφυκότα τὰ ἀγγεῖα κεκιρσωμένα ἑκατέροθεν, ξυντέτρητο δὲ ταῦτα εἰς τὸ κοίλωμα τῆς ὑστέρας. ὑφ᾽ ὧν ὑπόμυξον ὑγρὸν πιεσόντων ἀπεκρίνετο. καὶ ἦν πολλὴ δόκησις σπερματικὰ ταῦτα εἶναι, καὶ τοῦ γένους τῶν κιρσοειδῶν. τοῦτο μὲν δὴ οἷον ἐστιν, αἱ ἀνατμαὶ δίχα δείξουσιν. Herophilo non videtur femina varicoſos habere paraſtatas. In ovis autem utero vidimus è teſtibus utrinque enata vaſa varicoſa, quæque perforarentur in cavum uteri. Ab his compreſſis ſubmucoſum quoddam humidum excernebatur : eratque magna ſuſpicio ſeminalia hæc eſſe, & ex genere varicoſorum ; hoc verò quale ſit, profectiones abundè demonſtrant. *J. A. van-der-Linden*, *Medicinæ Phyſiol. cap.* 7, *pag.* 281.

» tir par l'une de leurs extrémités dans la
» cavité de la matrice. Il en fort même
» une humeur gluante en les exprimant ;
» & l'on croit que ce font certainement des
» vaiffeaux féminaires de la forte de ceux
» que l'on appelle variqueux.

CHAPITRE IV.

De la Chirurgie des Anciens.

192. Au lieu de mes propres recherches sur le sujet de ce chapitre, je crois ne pouvoir mieux faire que de présenter au Lecteur un Extrait *des Réflexions de M. Bernard*, premier Médecin du Roi d'Angleterre, dont l'habileté ne peut manquer de donner le plus grand poids à son opinion, & qui autorise d'une maniere aussi remarquable, & dans un article aussi essentiel, le sentiment que j'entreprends d'établir. Voici donc une traduction fidèle d'une partie du Mémoire que cet habile Chirurgien avoit communiqué en Anglois à son ami M. Wotton.

Extrait d'un Mémoire de M. Bernard sur la Chirurgie des Anciens.

» 193. Si nous faisons bien attention
» (dit M. Bernard), à ce que les Modernes
» ont ajoûté à la Chirurgie des Anciens,
» nous serons obligés de convenir que nous
» n'avons pas le moindre droit de nous
» élever au-dessus de ces derniers, ou d'ê-

» tre tentés de les méprifer, comme il
» arrive à ceux qui ne fçavent rien, n'ont
» rien lu, & ne peuvent pas donner des
» preuves plus fortes & plus convaincan-
» tes de leur ignorance & de leur orgueil,
» qu'en fe conduifant de la maniere qu'ils
» le font à l'égard de ces grands hommes.
» Je ne prétends pas foutenir que les Mo-
» dernes n'ont en aucune façon contribué
» à l'avancement de la Chirurgie ; ce fe-
» roit une extravagance auffi grande que
» celle dont je me plains de l'autre côté :
» ce que je prétends feulement eft que le
» mérite des Modernes confifte plutôt à
» avoir renouvellé les inventions des An-
» ciens, & les avoir expofées dans un meil-
» leur jour, qu'en aucune découverte im-
» portante qu'ils aient faite eux-mêmes
» dans cette fcience. Soit que l'art de gué-
» rir les bleffures, tombant immédiate-
» ment fous nos fens, ait été par cette
» raifon l'objet de l'étude des hommes de
» meilleure heure, & foit devenu par-là
» plus fufceptible d'acquérir un certain
» degré de perfection que les autres bran-

» ches de la Médecine ; ou que la plus
» grande partie de ceux qui ne font rien de
» plus que fimples profeffeurs, aient été
» des ignorans ou des empiriques ; quelle
» que foit, dis-je, de ces deux raifons, il
» eft certain que cette fcience n'a pas été
» cultivée depuis quelques fiècles autant
» qu'elle a roit pu l'être ; & il fuffit pour
» preuve de ce que l'on avance, de com-
» parer le petit nombre des bons écrivains
» fur cette matiere avec ceux qui ont écrit
» fur les autres branches des arts & des
» fciences...... Quiconque eft verfé dans les
» écrits des Anciens & a eu l'occafion & la
» capacité de juger de leur mérite par l'ex-
» périence, avouera ingénuement que ce
» qui doit contribuer à rendre leur lec-
» ture plus utile que celle des Modernes,
» eft qu'ils font plus exacts à décrire les
» fignes & les indications des maladies,
» & plus juftes & plus précis que les Mo-
» dernes dans leurs diftinctions des diffé-
» rentes efpèces d'ulcères & de tumeurs. Si
» notre fiècle a retranché certaines métho-
» des fuperflues de la pratique [comme on

» doit en convenir] on ne peut pas démon-
» trer que ces mêmes méthodes soient ve-
» nues des Anciens : mais il est plus pro-
» bable qu'elles ont été introduites en
» grande partie par des professeurs igno-
» rans & barbares d'une date beaucoup plus
» récente. Il n'est pas douteux que la per-
» fection à laquelle la Chirurgie a été por-
» tée dans ces derniers siècles est principa-
» lement dûe aux découvertes qui ont été
» faites dans l'anatomie, par le moyen des-
» quelles nous sommes plus en état de ren-
» dre raison de plusieurs de ces phénomènes
» qui étoient auparavant inexplicables, ou
» souvent mal expliqués. Mais la partie la
» plus essentielle, l'art de guérir les plaies,
» à laquelle toutes les autres doivent cé-
» der, est restée à-peu-près dans le même
» état dans lequel les Anciens nous l'ont
» transmise. Ce que je viens de dire est in-
» contestable, & j'en appelle pour preuve
» à tous ces Cours de Chirurgie qui ont été
» publiés par les plus sçavans & les plus cé-
» lèbres d'entre les Modernes, & qui pa-
» roissent avoir été copiés les uns d'après

» les autres, excepté les meilleurs, qui
» font pris des Anciens. Entre tous les écri-
» vains fyftématiques, peu refufent la pré-
» éminence à *Fabricius ab Aquapendente*,
» homme d'une érudition & d'un jugement
» exquis, & cependant il n'a pas honte de
» déclarer que *Celfus* parmi les Latins,
» *Paul Eginete* parmi les Grecs, & *Albucafis*
» chez les Arabes, font ceux à qui il doit
» le plus pour la compofition de fon excel-
» lent livre. Mais, dira-t-on, combien
» d'opérations font à préfent en ufage, qui
» étoient inconnues aux Anciens ! Je crains
» fort, au contraire, qu'un examen impartial
» ne nous en faffe découvrir de plus avan-
» tageufes omifes ou difcontinuées, que
» de nouvelles que nous ayons introduites ;
» pourvu que nous apportions dans cet exa-
» men des efprits libres de préjugés & de
» toute partialité : il fuffira d'un court dé-
» tail pour déterminer fi les Anciens mé-
» ritent autant d'être négligés que quel-
» ques-uns voudroient nous le perfuader.

» 194. Pour commencer par l'opération de
» la pierre, perfonne ne doute qu'ils n'aient

Détail des connoiffan- ces des Anciens dans la Chirurgie.

» droit de la réclamer. Celsus & plusieurs
» autres en ont donné d'exactes descrip-
» tions; quoique, pour rendre justice à
» chaque siècle, il faille avouer que la ma-
» nière d'opérer, préférable en plusieurs
» cas, & connue sous le nom de *Magnus*
» *apparatus* ou *la grande opération*, a été in-
» ventée par *Johannes de Romanis* de Cré-
» mone, qui vivoit à Rome l'an 1520, &
» publiée à Venise en 1535 (*a*). L'inven-
» tion de l'instrument dont nous faisons
» usage pour trépaner appartient sans doute
» aux Anciens, & a été seulement perfec-
» tionné par *Woodall* & *Fabricius ab Aqua-*
» *pendente*. La ponction est aussi, à tous
» égards, une de leurs inventions. La laryn-
» gotomie ou l'ouverture du larynx dans
» l'esquinancie étoit pratiquée par eux
» avec succès; cette opération, sûre & né-
» cessaire, est hors d'usage à présent parmi
» nous (*b*), soit par la timidité du malade
» & de leurs amis, soit par la répugnance

(*a*) Par son Disciple *Marianus Sanctus Baroli-
tanus*.
(*b*) *Voyez* Sect. 191, *à la Note* [*b*].

„ & quelquefois l'ignorance des Médecins
„ ou des Chirurgiens. Et quoiqu'*Arétée, Paul*
„ *Eginete* & *Cœlius Aurelianus* femblent,
„ fur l'autorité d'*Antyllus*, parler d'une ma-
» niere équivoque du fuccès de cette opé-
» ration, cependant la plus grande partie
» des anciens Grecs & Arabes la confeil-
» lent ; & Galien en particulier, appuyé
„ de la raifon, de l'expérience & de l'au-
» torité d'Afclépiade, la recommande avec
» raifon comme une dernière reffource en
» cas d'efquinancie. La cure de l'*Hernia in-*
» *teftinalis*, avec la véritable diftinction &
» la manière de guérir les autres efpèces
» de cette maladie, font exactement dé-
» crites par les Anciens. Ce font eux qui
» nous ont enfeigné la cure du Ptérygion
» & de la cataracte ; ils ont traité des ma-
» ladies des yeux auffi judicieufement
» qu'aucun de nos Oculiftes modernes,
» qui, s'ils vouloient être de bonne foi,
» conviendroient qu'ils ne font rien de
» plus que répéter ce que ces grands maî-
» tres ont enfeigné là-deffus. L'ouverture

» de l'artère & de la veine jugulaire n'eſt
» pas plus de l'invention des Modernes
» que la ligature dans l'anevriſme (a), qui
» n'étoit certainement pas entendue même
» dernierement par Fréderick Ruysch, ce
» célèbre Anatomiſte Hollandois (b). L'ex-
» tirpation des amygdales ou de l'uvula
» n'eſt pas de l'invention des Modernes,
» quoiqu'il faille avouer que les cauteres
» efficaces dont nous nous ſervons pour ex-
» tirper les premières n'ont été ni prati-
» qués ni connus des Anciens. La manière
» de traiter la fiſtule lacrymale [cure ſi
» délicate & difficile] dont nous nous ſer-
» vons encore, eſt préciſément celle des
» Anciens, avec l'addition que *Fabricius*
» y a fait de la *Cannula* pour le cautère.
» Quant au cautère actuel, qui fait un ar-
» ticle aſſez conſidérable de la Chirurgie,

(a) Tumeur occaſionnée par la dilatation d'un artère ou la rupture de ſes tuniques.

(b) Voyez ſes Obſervations *Anatomico-Chirurgic. Amſt.* 1691, *in-*4. *Obſerv.* 2.

» quoique *Coſtæus, Fienus* & *Severinus* aient
» écrit ſi amplement ſur ce ſujet, cepen-
» dant il eſt évident par un ſeul aphoriſme
» d'Hippocrate que ce grand Médecin
» connoiſſoit ſon uſage auſſi bien que ceux
» mêmes qui ſont venus après lui ; outre
» qu'il en eſt parlé fréquemment dans les
» écrits de tous les autres Anciens qui s'en
» ſervoient ſans doute avec le plus grand
» ſuccès dans pluſieurs cas où nous en né-
» gligeons l'uſage, ou bien ne le connoiſ-
» ſons pas aſſez. La cure des *Varices* par
» inciſion, à peine mentionnée de nos
» jours, paroît avoir été pratiquée fami-
» lièrement parmi les Anciens, comme il
» eſt manifeſte par les ouvrages de *Celſus* &
» de *Paul Eginete*, & quiconque eſt verſé
» dans la connoiſſance de ces ulcères vari-
» queux, conviendra que cette opération
» eſt abſolument néceſſaire pour en effec-
» tuer la cure. Le polype de l'oreille eſt une
» maladie ſi peu connue des Modernes,
» qu'on n'en trouve même que fort rare-
» ment le nom dans leurs écrits ; & cepen-

E ij

» dant la description de cette cure n'a pas
» été omise par les Anciens. Ils étoient par-
» faitement instruits dans la connoissance
» de toutes les espèces de fracture & de
» relaxation, & des moyens d'y remédier,
» ainsi que de toutes les sutures en usage
» parmi nous, outre plusieurs que nous
» avons perdues, ou du moins qui nous
» sont transmises d'une manière si obscure,
» que de sçavans hommes ont cru ne pou-
» voir mieux employer leur temps qu'en
» faisant en sorte de déterminer ce qu'elles
» pouvoient être, & d'en recouvrer l'u-
» sage. Et quoique quelques personnes
» aient avancé que les cautères leur étoient
» inconnus, on peut se convaincre aisé-
» ment du contraire en examinant ce qu'en
» ont dit *Celsus* & *Cœlius Aurelianus*, en
» convenant cependant qu'ils ne paroissent
» pas avoir sçu les placer & les continuer
» comme nous le faisons à présent..............
» Et je ne dois pas omettre encore ce qui
» est si manifeste que je ne crois pas que
» personne veuille entreprendre de le nier ;

» c'est que toutes les différentes sortes d'am-
» putation de membres, de mammelles,
» &c. étoient pratiquées parmi eux aussi
» familièrement & avec autant de succès
» qu'il est possible de prétendre qu'elles le
» soient parmi les Modernes. Quant à l'art
» des bandages, aussi important que néces-
» saire, tout négligé qu'il est, dont les
» François font tant de cas, & qu'ils se
» piquent de posséder mieux que par-tout
» ailleurs, les Anciens le connoissoient si
» bien, & dans un tel degré de perfection,
» que nous ne nous flattons pas même d'a-
» voir ajoûté beaucoup à l'excellent Traité
» que Galien a jugé à propos d'écrire sur ce
» sujet ; & quoique les Modernes recla-
» ment l'avantage sur les Anciens à l'égard
» de la variété des instrumens, il est néan-
» moins évident, par tout ce que ces der-
» niers nous en ont transmis, qu'ils n'igno-
» roient point ceux qui étoient nécessaires,
» & n'en étoient nullement destitués ; &
» même il est très-probable, par tout ce
» que disent Oribasius & plusieurs autres

» auteurs, qu'ils en avoient une grande
» variété. Quant aux topiques, il eſt cer-
» tain que nous leur ſommes redevables de
» nous avoir inſtruits de la nature & des
» propriétés de ceux dont nous nous ſer-
» vons ; & pour ce qui eſt des méthodes
» générales de guérir, pluſieurs ont été ſi
» éminemment traitées par les Anciens,
» entre autres celle qui traite des bleſſures
» à la tête, que ceux des Modernes qui en
» ont écrit le plus judicieuſement ont pen-
» ſé qu'ils ne pouvoient pas rendre un plus
» grand ſervice à la poſtérité qu'en com-
» mentant le livre admirable qu'Hippo-
» crate a écrit sur ce ſujet.

Concluſion du Mémoire de M. Bernard par un trait de Bartholin.

195. » Enfin, il faudroit avoir plus de
» loiſir & de capacité que je n'en ai (con-
» clut M. Bernard) pour entrer dans le dé-
» tail de toutes les particularités, & démon-
» trer ce qui a été inventé, négligé, ou per-
» du dans tous les différens âges ; ce que
» j'ai dit ici eſt ſuffiſant pour faire voir
» qu'il nous convient de parler des Anciens
» avec plus de reſpect & de déférence : non

» que nous devions nous laisser déterminer
» aveuglément par leur autorité, ou sup-
» poser qu'ils n'ont rien laissé à ajouter aux
» siècles suivans; mais nous devons imiter
» le célèbre Bartholin, qui entendoit si bien
» les avantages des Modernes, & étoit lui-
» même aussi zélé pour les progrès des con-
» noissances, aussi curieux de l'étude de la
» Nature, & aussi heureux dans ses recher-
» ches, qu'aucun de ceux qui s'imaginent
» que le moyen de montrer de l'esprit, &
» de se distinguer, est de tourner en ridi-
» cule les Anciens ou les mépriser. *C'est mal*
» *entendre ses intérêts*, disoit ce grand hom-
» me, *que de se plonger dans l'étude des Mo-*
» *dernes, jusques à négliger ou mépriser celle*
» *des Anciens, dont les écrits sont si néces-*
» *saires pour répandre du jour sur la plûpart*
» *de nos connoissances* (*a*). Et dans un autre

_____

(*a*) Pessimè studiis suis consulunt qui ita recentiorum scriptis se immergunt ut veteres vel negligant vel contemnant, quùm plerarumque rerum lux ex illis pendeat..... ita semper recentiorum sen-

» endroit il dit : *j'ai toujours fait cas des*
» *opinions & des maximes des Modernes, en*
« *rendant cependant toujours la justice duë à*
» *l'Antiquité, à qui nous devons les premiers*
» *fondemens de notre art.*

---

tentiis & opinionibus calculum adjeci, ut sua antiquitati reverentia servaretur, cui artis nostræ fundamenta debemus. *Thomas Bartholin. Epist. Med. Cent.* 3.

CHAPITRE V.

De la Génération par les Œufs, & des Animalcules.

196. IL y a deux sentimens principaux parmi les Modernes sur la manière dont se fait la génération. Les uns croient que toutes les parties du fœtus se trouvent en abrégé dans les œufs contenus dans les ovaires de la femme, qui communiquent avec la matrice par le moyen des trompes de Fallope; & que la semence du mâle n'est qu'une matière propre à détacher l'œuf, le féconder, & le tendre à se porter par les trompes de Fallope dans la matrice, où se développent ensuite les parties du germe qui sont contenues dans cet œuf; & c'est le sentiment de Harvey, de Sténon, de Graaf, de Rédi & de plusieurs autres célèbres Médecins, qui soutiennent que tous les animaux sont ovipares & produits d'un œuf, qui est dans le règne animal ce que la semence est dans le règne végétal.

Sentimens des Modernes sur la génération. Celui de Harvey;

d'Hartsoë-ker & de Lewen-hoek.

197. L'autre sentiment d'Hartsoëker, & de Lewenhoek est, que tous les animaux, & les hommes même, naissent par des métamorphoses d'autres petits animaux d'une petitesse extrême, contenus dans la semence du mâle, & ils ne regardent les œufs, qui se trouvent dans l'ovaire de la femme, que comme autant de petits nids capables de recevoir ces animalcules, & contenant une nourriture propre à les maintenir & à contribuer au développement & à l'accroissement de leurs parties, en leur communiquant la nourriture que leur fournissent les vaisseaux de la matrice.

Celui de Harvey est renouvellé d'Empédo-cle, d'Hippocrate, d'Aristote, &c.

198. Le premier de ces systêmes a été, pendant un temps, assez généralement reçu, & paroissoit appuyé sur les recherches les plus exactes ; ceux qui le soutiennent prétendent avoir découvert des œufs dans les ovaires de toutes les femelles sur lesquelles ils ont fait des observations, & en avoir trouvé souvent plus de vingt dans chaque ovaire des femmes, de la grosseur environ d'un pois verd, ils tirent encore un au-

tre argument de l'analogie que la Nature obferve dans toutes fes opérations, & qui eft chez eux manifefte, fur-tout dans la production des plantes & des animaux ; or fi ce fyftême doit mériter de la gloire à fon inventeur, il eft jufte de la donner à celui à qui elle appartient à plus jufte titre ; & celui à qui elle paroît premierement duë eft fans doute Empédocle, cité par Plutarque & Galien ; & après lui Hérodote, Hippocrate, Ariftote & Macrobe.

199. Plutarque, rapportant les différentes opinions des philofophes fur la manière dont fe fait la génération des animaux, & la production des plantes, dit qu'Empédocle croyoit que leur commencement avoit été d'abord informe & imparfait ; qu'enfuite ils avoient acquis une forme plus régulière qui indiquoit déjà leur figure & leur efpèce ; & il conclut par dire que les animaux ne fe produifoient point de corps homogènes, comme de la terre & de l'eau ; mais qu'ils fe reproduifoient les uns les autres par le mélange des deux fexes (a), &,

Prouvé par Plutarque & Galien;

(a) Ἐμπεδοκλῆς τὰς πρώτας γενέσεις τῶν ζώων, καὶ

comme les plantes, avoient le principe de leur origine dans leur femence particulière, ou leurs œufs; ce qu'Ariftote a voulu indiquer être la doctrine d'Empédocle, lorfqu'il lui fait dire, que de tout ce qui naît, rien ne naît fans avoir une femence particulière (*a*); & il appelle auffi les fe-

---

φυτῶν μηδαμῶς ολοκλήρους γεγίεσθαι, ἀσυμφυέσι δὲ τοῖς μορίοις διεζευγμένας· τὰς δὲ δευτέρας, συμφυομένων τῶν μερῶν εἰδωλοφανεῖς· τὰς δὲ τρίτας, τῶν ἀλληλοφυῶν· τὰς δὲ τέτταρας, οὐκ ἔτι ἐκ τῶν ὁμοίων, οἷον ἐκ γῆς, καὶ ὕδατος, ἀλλὰ δὲ ἀλλήλων ἤδη.

Empedocles primos animalium, & plantarum ortus nequaquàm perfectos fuiffe dicit, inconditis nempe partibus illa coaluiffe; fecundos autem ortus coalefcentibus jam partibus animalium, plantarumque imagines, ac fpecies oftendiffe; tertios verò ex partibus invicem ex fefe nafcentibus prodiiffe; quartos autem ortus, *non jam ex fimilibus, ac homogeneis, ut ex terrâ, & aquâ, fed ex animalibus inter fefe formatos effe.* Plutar. de Placit. L. 5. cap. 19.

(*a*) Τὸ γινόμενον ὃ γεννᾶται, εἰ μὴ ἐκ τῆς φύσεως τοῦ σπέρματος; id quod nafcitur, non nifi ex naturâ feminis nafcitur. *Ariftot. Lib. 1. de Plantis, Tom. 2. p.* 1011. *D. Galenus de femine, Lib. 2. cap. 3. & Hift. Philofoph. Le Clerc. H. Med.*

mences des plantes, leurs œufs, qui tombent, dans leur maturité.

200. Hérodote, qui vivoit à-peu-près dans le temps d'Empédocle, rapportant qu'une terre voisine du Nil avoit produit une quantité considérable de poissons, en donne, suivant les principes d'Empédocle, une cause bien naturelle, & judicieuse : il me paroit, dit-il, que la cause, qui a produit tous ces poissons, vient de ce que, dans le temps du débordement du Nil, les poissons ayant laissé dans la fange de ses bords une quantité prodigieuse d'œufs, ces œufs sont venus ensuite à éclore après que le Nil s'est retiré (*a*), & ont produit cette quantité de poissons.

& par Hérodote.

(*a*) Qui Empedoclis ætatem, doctrinamque proximè attigerat, cùm ingentem pisciculorum copiam ex terrâ Nilo proximâ prodire memorasset, præclarè, sapienterque dicit : Undè autem verisimile sit eos gigni, hoc mihi videor caussæ intelligere, quòd superiore anno, postquam Nilus abscessit, pisces, qui ova in cœno pepererant, unà cum postremis abeunt aquis ; circumacto rursùs anno, ubi aqua restagnavit, protinùs ex his ovis gignuntur pisces. *Herodotus*, Lib. 2.

Passage d'Hippocrate.

201. Hippocrate, parlant de la formation de l'enfant, décrit un fœtus de six jours; il le compare *à un œuf crud, dont on auroit ôté la coque* (a), *& dans lequel il y avoit une liqueur fort transparente, laquelle étoit ronde & rougeâtre.* Dans un autre endroit, il fait voir comment » il se passe la » même chose dans la génération de l'en-

───────────────────

(a) Αὕτη ἡ ἄλλη γονὴ τροχύλη ἐστὶν ἐν ὑμένι· καὶ μείω ἐξ ἡμέρας μείνασαν ἐν τῇ γαστρὶ γονὴν, καὶ ἔξω πεσοῦσαν, αὐτὸς εἶδον, καὶ ὁκοίη μοι ἐφαίνετο ἐν τῇ γνώμῃ τότε, ἀπ' ἐκείνων τὰ λοιπὰ τεκμήρια ποιεῦμαι..... ὁκοίη δὲ ἦν, ἐγὼ ἐρέω· οἷον εἴ τις ὠοῦ ὠμοῦ τὸ ἔξω λιπύριον περιέλοιτο, ἐν τῷ ἔνδον ὑμένι τὸ ἔνδον ὑγρὸν διαφαίνοιτο. Τρόπος μέν τις ἦν τοιοῦτος, ἅλις εἰπεῖν, ἦν δὲ καὶ ἐρυθρὸν καὶ τροχύλον.

Ipsa autem reliqua genitura rotunda est in pelliculâ. Atqui genituram, quæ sex diebus in utero mansit, & foràs prolapsa est, ipse vidi, & qualis tùm meo animo observabatur, ex illis ipsis reliquorum conjecturam facio...... Qualis autem erat, ego referam; velut si quis ovo crudo externam testam circùm circà adimat, in internâ verò pelliculâ inclusus liquor pellucescat. Modus quidem talis erat, & ut abundè dicam, ruber erat liquor, & rotundus. *Hippocrates*, *tom.* 1. *p.* 135. 136. *de naturâ* Pueri, *Text.* 4.

» fant que dans la production des plantes:
» il dit que la Nature eſt toujours la mê-
» me (*a*); qu'elle agit d'une manière uni-
» forme par rapport à la génération des
» hommes, à celle des plantes, & à tout ce
» qui prend naiſſance »: en quoi il paroît
avoir ſuivi le ſentiment d'Empedocle, &
tous deux avoir été copiés par Harvey.

202. Ariſtote décrit encore avec plus de préciſion l'œuf qui contient le fœtus. » Il » dit que tous les animaux engendrent » & conçoivent premièrement une eſpèce » d'œuf, qu'il fait conſiſter dans une li- » queur enveloppée d'une membrane ou » pellicule mince, ſemblable à une coquille

Deſcription du fœtus dans l'œuf par Ariſtote.

───────────────────────

(*a*) Omnia verò natatilia, tùm pedeſtria, tùm etiam volatilia, ſive animalis, ſive ovi formâ proveniunt, ſimili modo gignuntur. *Harvæus de Hiſt. anim.* L. 7. *cap.* 7.

Εὑρήσει τὴν φύσιν πᾶσαν παραπλησίην ἰοῦσαν, τῶν τε ἐκ γῆς φυομένων, καὶ τῶν ἐξ ἀνθρώπων. Inveniet naturam omnem conſimilem eſſe, & ex terrâ naſcentium, & Hominum ...... & inveniet omnia ſe habere juxta meum ſermonem, quomodò volucris naturam ad humanam conferre oportet. *Hippocrates, de naturâ Pueri, Text.* 35. 36.

» d'œuf (*a*), & qu'il appelle, dans un au-
» tre endroit, du terme propre d'œuf;
» d'une partie duquel il dit que le fœtus se
» produit, qui est le jaune de l'œuf, pen-
» dant que l'autre partie, ou le blanc de
» l'œuf, lui sert de nourriture (*b*) ».

(*a*) Τὰ δ'ἐν αὑτοῖς ζωοτοκοῦντα, τρόπον τινὰ μετὰ τὸ σύςημα τὸ ἐξ ἀρχῆς, ὠοειδὲς γίνεται. περιέχεται γὰρ τὸ ὑγρὸν ὑμένι λεπτῷ, καθάπερ ἂν εἴ τις ἀφέλοι τὸ τ̃ ὠῶν ὄςρακον. Quæ verò intra se pariunt animal, iis quodammodò post primum conceptum oviforme quiddam efficitur. Humor enim in membranâ tenui continetur, perindè quasi ovi testam detraxeris. *Aristot. de Generat. Animal. L.* 3. *cap.* 9. P. 1107. C.

(*b*) Καλεῖται δ' ὠὸν μὲν, τῶν κυημάτων τῶν τελείων, ἐξ οὗ γίγνεται τὸ γινόμενον ζῶον, ἐκ μορίου τὴν ἀρχήν· τὸ δ' ἄλλο, τροφὴ τῷ γινομένῳ ἐςί. Ovum id ex fœtibus perfectis vocamus, cujus ex parte principio animal consistit : reliquum verò alimento ei, quod gignitur, est. *Aristot. de Hist. Animal. L.* 1. *cap.* 5. *p.* 766.

Semen insinuatum in utero membranâ obducitur, quippè quod, antequàm discernatur, exeat velut ovum, in suâ membranulâ contectum detracto putamine : εἶος ὠὸν ἐν ὑμένι περιεχόμενον. *Arist. L.* 7. *cap.* 7. *de Historiâ Animalium, Tom.* 1. *p.* 894. B. 203.

203. Enfin, on ne peut pas s'énoncer plus clairement sur cette matière que Macrobe, lequel dit positivement, que dans tous les genres d'animaux qui s'accouplent, *l'œuf est le premier principe de leur génération*; & dans un autre endroit, que l'œuf est le résultat de la semence (*a*).

<small>Opinion de Macrobe.</small>

204. Le système des animalcules ou des vers spermatiques a empêché que celui de la génération par le moyen des œufs n'emportât les suffrages unanimes de tous les physiciens : M. de Plantade, secrétaire de l'Académie de Montpellier (*b*), fut le pre-

<small>Vers spermatiques connus des Anciens.</small>

(*a*) In omni genere animantium quæ ex coitione nascuntur, invenies ovum aliquorum esse principium instar elementi. *Macrobii Saturnal* L. 7. cap. 16. *Paulò post* : Ovum verò digestio est feminis.

(*b*) Nempe ignotus ille *Dalenpatius*, de quo, eo saltem nomine, nemo quidquam audivit, ipsus est *Franciscus Plantade*, Monspessulanus, Vir doctus, qui fuit *Advocatus Generalis in occitanâ Computorum & Fisci Curiâ*, & qui egregium locum jam pridem obtinet in societate regiâ scientiarum Monspessulanâ. Peregrinabatur ille in Bataviâ anno 1699 ; & cùm juvenis esset, jocari lu-

mier parmi les Modernes qui renouvella la conjecture des Anciens là-dessus ; & l'appuya de la découverte, qu'il prétendit avoir faite de petits animalcules dans la semence de l'homme, & qu'il avoua ensuite n'avoir supposé que pour s'amuser ; mais Lewenhoek, Hartsoëker, Valisnieri, Andry, & Bourguet, confirmèrent cette conjecture par les observations les plus exactes, & partagèrent les sentimens des physiciens entre leur opinion des animaux spermatiques, qui deviennent des hommes, & celle de Harvey que la génération se fait par les œufs : nous avons déjà vu que cette dernière opinion avoit pu prendre

---

buit, quod tamen factum non probo. Scripsit ergò latinè, & eleganter quidem, Dissertatiunculam de spermaticis animalculis, quam inserendam curavit in Diario, quod tunc inscribebatur *Nouvelles de la République des Lettres*, Articulo V. mensis Maii anni 1699. Narrabat in illâ, seu fingebat potiùs, dùm ipse oculis optimo microscopio armatis intentus erat dispiciendis animalculis numerosis, agillimis, subtilissimis, gyriniformibus, quæ semini humano innatabant. *Astruc de Lue Vener. Lib.* 8. p. 443.

sa source dans Hippocrate, Aristote &c. ; & nous trouvons aussi l'origine des vers spermatiques dans la semence de l'homme, assez clairement enseignée par Platon, Hippocrate, Aristote, & quelques autres anciens philosophes, qui ont dit là-dessus tout ce que l'on pouvoit en dire sans les avoir vus. Et on ne peut assez louer à ce sujet la pénétration extrême de ces grands génies, lesquels, guidés par leur raison seule, avoient atteint, si long-temps avant nous, le but, où les expériences les plus exactes, & les recherches les plus laborieuses nous ont enfin portés à nous arrêter. L'Astronomie nous a déjà fourni plusieurs preuves de cette vérité; on y a vu Pythagore, & Démocrite suppléer, par leur sagacité, au défaut du télescope; & on voit ici Démocrite, Hippocrate & Platon porter un œil pénétrant dans les replis les plus cachés de la Nature, & enlever aux Modernes, par des conjectures solides & raisonnées, la gloire de ces découvertes mêmes qu'ils croyoient devoir appartenir à l'invention des instruments, dont les Anciens étoient privés.

Sentiment de Démocrite & d'Hippocrate.

205. Démocrite est le premier philosophe Grec qui ait parlé de certains vers qui parvenoient à se revêtir de la forme humaine ; mais aucun auteur ne nous a transmis le détail de l'opinion de ce philosophe ; Epicure, Diodore de Sicile, Euripide semblent l'avoir indiquée ; & après eux Eusebe & Lactance (*a*) l'ont rapportée pour la réfuter. Epicure croyoit que la génération des animaux se faisoit par une transformation continuelle des uns dans les autres (*b*). Anaxagore avoit dit la même chose, aussi bien qu'Euripide, cité par Plutarque, Galien, Eusebe, & Philon (*c*) ; mais Démocrite s'expli-

---

(*a*) Erravit ergò Democritus, qui vermiculorum modo putavit Homines effusos esse de terrâ, nullo auctore, nullâque ratione. *Lactantius, Institut. Divin. Lib.* 7. *c.* 7. *p.* 539. *Edit. Paris.* 1748. 2 *vol.* 4. Eusebius, *L.* 1. *de Præparat. Evang. c.* 7. *p.* 20.

(*b*) *Plutarchus, de Placitis Philosophorum, Lib.* 5. *c.* 19.

(*c*) *Plutarch. loc. cit. Galenus, Hist. Philos.*

quant plus précisément, enseignoit que *les hommes avoient commencé par naître sous la forme de petits vers* (a), qu'il entendoit probablement être contenus dans la liqueur séminale du mâle ; & il est naturel de conjecturer qu'il tenoit cette idée d'Hippocrate, qui insinue aussi que les *semences des animaux sont remplies d'animalcules, dont toutes les parties se développent & crois-*

---

cap. 35. *de ortu animalium.* Euseb. loc. cit. Philo. de Mundo, p. 1161. Edit. Lips.

(a) Δύο τρόπων γίνεσθαι τὸν ἕτερον· ἢ γὰρ ὡς σκώληκος συνιστομένου τὸ πρῶτον, ἢ ἐξ ᾠῶν. Aristot. Tom. I. *de generatione Animalium*, L. 3. c. 11. p. 1113. A. Quamobrem de primâ Hominum, atque quadrupedum generatione, si quandò primùm terrigenæ oriebantur, ut aliqui dicunt, non temerè existimaveris altero de duobus his modo oriri ; aut enim ex verme constituto primùm, aut ex ovo. *Lactantius, loco citato.* » Il y a deux passages
» de l'Ecriture qui paroissent indiquer la préexis-
» tence des Germes fondée sur le système des ani-
» malcules : l'un est dans l'Epitre de St. Paul aux
» Hébreux, chap. 7. v. 9. l'Apôtre y dit : *Levi De-*
» *cimatum fuisse in lumbis Abrahæ,* & dans le
» 1er Chap. de l'Exode v. 5. *De lumbis Jacob*
» *exierunt septuaginta animæ.*

F iij

sent en même temps (a); comme on le verra un peu plus bas.

Commerce de Démocrite & d'Hippocrate.

206. Cet illustre Médecin eut sans doute des conférences sur ce sujet avec Démocrite, lequel il trouva occupé à faire des dissections d'animaux, lorsqu'il fut appelé à le visiter ; & il s'entretint long-temps avec lui sur des matières tout-à-fait philosophiques (b).

Passage d'Aristote là-dessus.

207. Aristote semble aussi vouloir parler de Démocrite, lorsque traitant de la premiere formation de l'homme, il dit que quelques-uns ont pensé que *les premiers hommes avoient commencé* à sortir de la terre

___

(a) Διακρίνεται ἢ τὰ μέλεα ἅμα πάντα, κỳ αὔξεται κỳ ὅτε πρότερον οὐδὲν ὕστερον ἑτέρα, ὐθ᾽ ὕστερον· τὰ ἢ μέζω φύσει, πρότερα φαίνεται τῶ ἐλασσόνων, οὐδὲν πρότερα γινόμενα. Discriminantur autem partes, & augescunt simul omnes, & neque priùs alteræ alteris, neque posteriùs. Verùm majores naturâ priores apparent minoribus, quàm non priores existant. Hippocrates, Lib. 1. de Diætâ, sect. 19. 1 & 2 p. 196. Edit. Van-der-Linden, Tom. 1. & sect. 18. ad finem.

(b) *Hippocrates Epist. ad Damagetum* p. 914. Ed. Van-der-Linden, Lug. Bat. 2 vol. in-8. an. 1665.

sous la forme de petits vers (a); & dans un autre endroit, il cite Démocrite comme ayant cru que *dans la génération de l'homme les parties extérieures du fœtus étoient premièrement formées*; de sorte qu'il lui accordoit déjà la figure humaine, & le regardoit pour ainsi dire dans cet état comme un *homuncule* (b).

208. Mais examinons les raisons qui nous portent à attribuer à Hippocrate une découverte que nous reculons si loin. Fondé sur ce principe universellement reçu dans l'Antiquité que *rien ne se fait de rien*, ce grand Médecin avance que rien ne périt dans la Nature (c), *& qu'il ne se produit rien*

<small>Examen du sentiment d'Hippocrate sur les animalcules.</small>

(a) Talem autem generationem esse ex ovo, aut verme fatemur. *Aristot. loco citato, & eâdem paginâ* 1113. C. André Cesalpin, célèbre Péripatéticien explique amplement cette idée d'Aristote sur la génération, & penche pour celle qui se fait par les vers spermatiques, dans ses *Quæst. Peripat. L.* 5. *Quæst.* 1. *in-*4. 1593. *p.* 106.

(b) Qui ita, ut Democritus, aiunt, exteriora primùm animalis discerni. *Aristotel. de Gener. animal. L.* 1. *c.* 4. *p.* 1082. B.

(c) Equidem nullum omninò corpus perit, ne-

de nouveau ; il soutient qu'*il ne naît rien qui n'existât auparavant ;* que ce que nous appellons naissance n'est qu'*un accroissement qui fait passer des ténèbres à la lumière* (en les rendant visibles) *ces petits animalcules, auparavant imperceptibles ;* il dit, un peu plus loin (*a*), qu'il n'est pas possible que ce qui

---

que sit , quod non priùs erat. ἐδὲ γίνεται, ὅ, τι μὴ καὶ πρόσθεν ἦν. Homines autem putant hoc quidem ex (invisibilitate) *orco in lucem auctum generari.* Νομίζεται δὲ παρὰ τῶν ἀνθρώπων, τὸ μὲν ἐξ ᾅδ᾽ εἰς φῶς αὐξηθὲν γενέσθαι. Illud verò *ex luce in orcum imminutum perire,* ac corrumpi : oculis eâ in re autem magis credendum, aiunt, quàm opinionibus, & argumentis Philosophorum. *Hippocrates de Diætâ, Lib. I. Sect.* 5. *p.* 183.

(*a*) Neque animal mori possibile est, neque quod non est, generari, cùm non sit undè generetur. Sect. 6. Commeant (animalcula) & translocantur illa hùc, & hæc illùc omni tempore.... quæ faciunt non norunt, sed tamen ab illis fiunt omnia necessitate divinâ.... dùm verò illa hùc, & hæc illùc commeant sibique invicem permiscentur, decretam sibi sortem unumquodque implet, tum augescendo in majus, tum in minus relabendo. *Idem. Ibidem. Vid. & Sect.* 8. *art.* 15. Necesse est autem omnia quæ ingrediuntur partes habere ; cujuscumque enim pars non erit à prin-

n'est pas puisse naître; n'y ayant rien qui puisse contribuer à la génération de ce qui n'est point ; *mais il soutient que toutes choses croissent autant qu'il est possible, depuis le plus bas jusqu'au plus haut degré :* il applique ensuite ces principes à la génération de l'homme. Il dit (*a*) : que *le plus grand*

---

cipio, augeri non poterit; *non enim habet quod augescere faciat. Id verò quod omnia habet, augescit, unumquodque in suo loco.*

(*a*) Ἀλλ' αὔξεται πάντα, καὶ μειοῦται ἐς τὸ μήκιστον, καὶ ἐς τὸ ἐλάχιστον τῶν γε δυνατῶν. Sed augentur omnia, ac minuuntur ad summum, & ad minimum. *Idem ibid.* αὐξάνεται κὶ τὸ μεῖζον ἀπὸ τοῦ ἐλάσσονος· & augescit majus à minore p. 185, Sect. 7. Διακρίνεται ἢ τὰ μέλεα ἅμα πάντα, καὶ αὔξεται· κὶ ὅτι πρότερον οὐδὲν ἕτερον ἑτέρου, κὰθ' ὕστερον· τὰ ἢ μείζω φύσει, πρότερα φαίνεται τῶν ἐλασσόνων, οὐδὲν πρότερα γινόμενα. Discriminantur autem partes, & augescunt simul omnes, & neque priùs alteræ alteris, neque posteriùs; verùm majores naturâ priores apparent minoribus, quùm non priores existant. *Sect.* 19. 1 & 2 , *pag.* 196. & *Sect* 18 *ad finem.*

 ›› Le sçavant J. Matth. Gesner, publia en 1737, ›› à Gottingue une Dissertation sur le systême des ›› ames d'Hippocrate qui se trouve aussi dans les ›› Mémoires de Gottingue, *Tom.* I. *ann.* 1751.

croît par le plus petit ; que *toutes les parties se développent & croissent en même temps, qu'il n'y en a pas une qui devance les autres, & qui croisse plutôt ni plus tard, mais que celles qui sont plus grandes de leur nature paroissent avant les plus petites, quoiqu'elles ne soient pas engendrées auparavant* : enfin on trouve dans tout le commencement de ce livre d'Hippocrate un raisonnement aussi juste que solide dont la conséquence toute naturelle est que, dès l'origine du Monde, toutes les semences & tous les premiers linéamens des plantes, & des animaux à venir ont existé ; & que l'on ne peut

---

„ Voici comme il interprète une partie de la Sect. „ 7 du Liv. I *de Diætâ* ". Uniuscujusque anima minora páriter & majora sua membra habens, oberrat in illo ἄδη non additione aut ablatione indigens partium integrarum, opus autem habens præsentibus, h. e. *iis quas jam habet* quatenùs crescant & minuantur. *Locus autem efficit omnia* in quem ingressa fuerit talis anima : „ & dans la Note „ il dit „ : hoc agit auctor, ut ostendat fortunas horum erronum in eo agi, ut locum nanciscantur ac nidum, qui accipiat eos, & augescendi facultatem concedat.

les appercevoir à cause de leur extrême petitesse. D'où il conclut, comme nous venons de l'observer, que *la naissance des animaux n'est qu'un accroissement qui les fait passer des ténèbres à la lumière........* On prie le lecteur d'examiner les Notes de cette Section.

209. On pourroit objecter que nous avons déjà rapporté les sentimens d'Hippocrate & d'Aristote, qui paroissoient favoriser le système de la génération par le moyen des œufs; & qu'à présent nous semblons leur attribuer une opinion contraire; mais on doit remarquer que les sentimens de ces deux philosophes semblent avoir été décidés pour le premier de ces deux systêmes; qu'Aristote ne fait que rapporter les opinions différentes pour s'attacher ensuite à établir la sienne; & qu'Hippocrate se contente d'insinuer la conjecture des animalcules dans la semence du mâle, sans prétendre vouloir l'établir : d'ailleurs il auroit pû admettre les vers spermatiques sans se contredire, en le faisant dans le sens qu'ont fait quelques Modernes, afin de concilier les deux

Conciliation des deux sentimens.

systêmes, & en regardant les œufs comme un nid propre à recevoir le ver spermatique (*a*), & contenant la matière nécessaire pour fournir à son accroissement : le ver spermatique seroit alors le vrai fœtus ; la substance de l'œuf le nourriroit, & les membranes de cet œuf lui serviroient d'enveloppe.

<small>Passage assez remarquable de Platon, appuyé de S. Augustin.</small>

210. Platon a encore plus clairement parlé de ces petits animaux qui deviennent des hommes ; car après avoir comparé *la matrice à un champ fertile*, dans lequel la semence qui y est répandue produit des fruits ; il dit : que *les animalcules qui y reçoivent leur accroissement, sont premièrement d'une si extrême petitesse qu'ils ne*

---

*(a) » Gesner a prouvé que le mot ψυχή si souvent répété dans le premier Livre de la Diéte d'Hippocrate, & qui signifie ordinairement *anima*, est souvent aussi pris chez les Anciens pour *Insectum, animalculum, papilio, &c. Vid. Arist.* tom. I, p. 850. lin. 22 & 32. *Scholiastes Nicandri Theriac.* p. 50, A. *Edit. Colon.* 1530, *in-*4. ou ψυχή signifie *Animalculum. Plutarch. Symposf.* 2, 3. p. 636. C. lin. 28.

peuvent être apperçus par les yeux, mais que peu-à-peu ils viennent à se développer en prenant la nourriture qui leur est préparée pour cet effet au-dedans de la matrice, & paroissent enfin au jour dans un état de génération parfaite (*a*). S. Augustin paroît aussi avoir eu la même idée (*b*) ; & le passage rapporté

(*a*) Μέχρι οὗ ἂν ἑκατέρων ἡ ἐπιθυμία, καὶ ὁ ἔρως ἐξαγαγόντες ἴσον ἀπὸ δένδρου καρπὸν, κἄπειτα δρέψαντες ὡς εἰς ἄρουραν τὴν μήτραν, ἀόρατα ὑπὸ σμικρότητος καὶ ἀδιάπλαστα ζῶα κατασπείραντες, καὶ πάλιν διακρίναντες, μεγάλα ἐντὸς ἐκθρέψανται· καὶ μετὰ ταῦτα εἰς φῶς ἀγαγόντες, ζώων ἀποτελέσωσι γένεσιν.

Quousque utrorumque cupido, amorque quasi ex arboribus fœtum, fructumve producunt : ipsum deindé *decerpunt, & in matricem velut agrum inspargunt. Hinc animalia primùm talia, ut ne, propter parvitatem, videantur, necdùm appareant formata, concipiunt* : mox quæ conflaverant explicant, ingenita intùs enutriunt, demùm educunt in lucem, animaliumque generationem perficiunt. *Platonis Tim. to.* 3, *p.* 91.

(*b*) Hunc perfectionis modum sic habent omnes ut cum illo concipiantur atque nascantur ; sed habent in ratione, non in mole : sicut *ipsa jam membra omnia sunt latenter in semine* ; cùm etiam natis nonnulla desint, sicut dentes, ac si quid ejusmodi.

ci-dessous sert beaucoup à éclaircir celui de Platon. Mais on ne peut disconvenir que Sénèque n'ait eu une idée très-distincte de ce système de la génération de l'homme par les animalcules; lorsqu'on le voit enseigner que » la forme de l'homme » à naître se trouve déjà comprise dans la » semence, & que tous les membres du » corps sont comme concentrés & affaissés » dans un petit espace caché (a) «. Ce que Tertullien exprimoit encore en peu de mots, en disant que la semence étoit animée dès le commencement (b).

In quâ ratione uniuscujusque materiæ inditâ, corporali, jam quodam modo, ut ita dicam, *liciatum* esse videtur, quod nondùm est; imò quod latet : sed accessu temporis erit, vel potiùs apparebit. *S. August. de Civit. Dei*, Lib. 22, c. 14.

(a) In semine omnis futuri hominis ratio comprehensa est, & legem barbæ & canorum, nondùm natus infans habet : totius enim corporis & sequentis ætatis, in parvo occultoque lineamenta sunt. *Seneca*, Lib. 3. *Natur. Quæst.* c. 29.

(b) *Tertullianus, de animâ*, vivum esse à primordio semen.

211. Il est une autre découverte sur la réproduction des polypes que l'on ne fait aucune difficulté de regarder comme due aux Modernes, malgré deux ou trois passages d'Aristote & de S. Augustin, qui en parlent aussi clairement qu'aucun des Modernes; & même d'après leur propre expérience. Le S. Pere rapporte, dans son livre de la *Quantité de l'ame* (a), qu'un de

Réproduction des polypes connue d'Aristote & de S. Augustin.

―――――――――――――――――――――

(a) Cum enim nuper in agro essemus Liguriæ, nostri illi Adolescentes, qui tunc mecum erant studiorum suorum gratiâ, animadverterunt humi jacentes in opaco loco, reptantem bestiolam multipedem, longum dico quemdam vermiculum : vulgò notus est, hoc tamen quod dicam nunquam in eo expertus eram. Verso namque stylo, quem fortè habebat unus illorum, animal medium percussit : tunc ambæ partes corporis ab illo vulnere in contraria discesserunt, tantâ pedum celeritate, ac nihilò imbecilliore nisu, quàm si duo hujuscemodi animantia forent. Quo miraculo exterriti, causæque curiosi, ad nos, ubi simul ego, & Alypius considebamus, alacriter viventia frusta illa detulerunt. Neque nos parùm commoti, ea currere in tabulâ, quaquaversùm poterant, cernebamus : atque unum ipsorum stylo tactum, contorquebat se ad doloris locum, nihil sentiente alio, ac suos

ſes amis fit devant lui l'expérience de prendre un polype, qu'il coupa en deux, & qu'auſſi-tôt ces deux parties, ainſi ſéparées, marcherent, & fuirent vîtement l'une d'un coté & l'autre de l'autre ; & ce grand homme ajoûte même là-deſſus, que cette expérience le ravit tellement d'admiration qu'il fut quelque temps ſans ſçavoir que penſer de la nature de l'ame. Ariſtote parlant des inſectes longs & à pluſieurs pieds, en dit à peu-près la même choſe (*a*); & ſans déſigner le nom de certains animaux

---

alibi motus peragente. Quid plura ? Tentavimus quatenùs id valeret, atque vermiculum, imò jam vermiculos in multas partes concidimus : ita omnes movebantur, ut niſi à nobis illud factum eſſet, & comparerent vulnera recentia, totidem illos ſe paratim natos, ac ſibi quemque vixiſſe crederemus. *S. Auguſt. de Quantitate animæ, c. 62. pag. 431, col. 1.*

(*a*) Ὅσα ᾖ μακρὰ, κỳ πολύποδα, σχεδὸν ἴσα ταῖς ἐντομαῖς ἔχει τὰ μεταξύ. πάντα δ' ἔχει διαιρούμενα ζωὴν τὰ ἔντομα. Quæ tamen ſunt longa, & multipeda, iis ferè totidem ſunt quæ interjacent, quot inciſuræ. Inſecta divulſa etiam vivere poſſunt. *Ariſtot. de Hiſtor. Animal. Tom. 1, Lib. 4, c. 7, p. 824.*

dont

dont il parle, il dit: qu'*il en est de ces animaux, ou insectes, ainsi que des plantes & des arbres qui poussent par rejettons*; &, de parties d'arbres qu'ils étoient, deviennent des arbres particuliers : de même, dit Aristote, en coupant un de ces animaux, les pièces qui auparavant ne faisoient ensemble qu'un animal, deviennent ensuite autant d'animaux séparés (*a*) ; & il ajoûte que

---

(*a*) Τᾶτο γδ ἐν τῇ οὐσίᾳ αὐτῶν ὑπάρχει τὸ πολλὰς ἔχειν ἀρχὰς. καὶ ταύτῃ μδν ἔοικε τοῖς φυτοῖς. ὥσπερ γδ τὰ φυτὰ, καὶ ταῦτα διαιρούμενα δύναται ζῆν. πλίω ταῦτα μδν μέχρι τινός, ἐκεῖνα δὲ καὶ τέλεια γίνεταί την φύσιν, καὶ δύο ἐξ ἑνὸς, καὶ πλείω τὸν ἀριθμόν. Quod in eorum essentiâ inest, ut multa principia habeant : eâque ratione sanè plantis assimilantur. Ut enim plantæ, ipsa quoque præcisa vivere possunt; sed hæc aliquandiù, illæ vel perfici possunt, ac duæ ex unâ, atque etiam plures numero procreantur. *Idem de Part. Animal. Lib.* 4, *tom.* 1, *cap.* 6, *p.* 1028. Vid. & *Lib.* 1 *de animâ, c.* 9, *p.* 629.

Ὥσπερ γὰρ ἐπὶ τῶν φυτῶν ἔνια διαιρούμενα φαίνεται ζῶτα, καὶ χωριζόμενα ἀπ' ἀλλήλων, ὡς οὔσης τῆς ἐν αὐτοῖς ψυχῆς, ἐντελεχείᾳ μὲν μίᾶς ἐν ἑκάστῳ φυτῷ, δυνάμει δὲ πλειόνων. οὕτω καὶ περὶ τὰς ἄλλας διαφορὰς τῆς ψυχῆς ὁρῶμεν συμβαῖνον ἐπὶ τῶν ἐντόμων ἐν τοῖς τεμνομένοις. καὶ γδ αἴσθησιν ἑκάτερον τῶν μερῶν ἔχει, κὴ κίνησιν

Tome II. G

l'ame de ces insectes n'est qu'une, en effet; mais qu'elle est multipliée en puissance, comme celle des plantes.

τὴν κατὰ τόπον· Εἰ δ᾽ αἴσθησιν, καὶ φαντασίαν, καὶ ὄρεξιν. ὅπου μὲν γὰρ αἴσθησις, λύπη τε, καὶ ἡδονὴ παρακολουθεῖ. ὅπου δὲ ταῦτα, ἐξ ἀνάγκης καὶ ἐπιθυμία. Nam ut plantæ nonnullæ divisæ, sejunctæque videntur vivere propterea quòd *anima, quæ est in istis, actu quidem in unâquâque plantâ una est, potentiâ verò plures*, sic & circa alias videmus animæ differentias fieri, cùm inciduntur animantium ea, quæ insecta vocamus, utraque namque partium & sensum habet, & motu loco cietur. Quod si sensum habet & imaginationem, & appetitum etiam habet. *Idem Lib.* 2 *de animâ, cap.* 2, *tom.* 1, *p.* 632. *B. C.*

Eodem quo plantæ modo constant (sc. ea insecta) etenim plantæ præsectæ seorsim vivunt, multæque arbores ab uno fiunt principio........ in hoc plantæ & insectorum genus similiter sese habent. *Vide & Lib. um de Juventute, cap.* 1 & 2, *p.* 715. *D. E. Via. & Aristot. Lib. de Spiritu, cap.* 9 *à principio,*

CHAPITRE VI.

Du syſtême ſexuel des Plantes.

212. Personne ne doute à préſent que les plantes ne ſe reproduiſent comme les animaux, par le moyen de parties, dont les unes ſont mâles, & les autres femelles; que dans le plus grand nombre des plantes, ces deux ſortes de parties ſe trouvent réunies enſemble, & elles ſont diſtinguées alors chez les Naturaliſtes par le nom d'*androgynes* ou *hermaphrodites*; & qu'en d'autres plantes, les deux ſexes ſont ſéparés, de manière que les mâles ſont ſur un pied & les femelles ſur un autre. Ce ſyſtème eſt fondé, 1°. ſur l'analogie qu'il y a entre les œufs des animaux, & la ſemence des plantes, dont la fin eſt également de reproduire un être ſemblable à celui qui les a produits; 2°. ſur les remarques que l'on a faites, que lorſque la ſemence des plantes femelles n'étoit pas fécondée par la pouſſière prolifique des mâles, la plante ne

Expoſition du ſyſtème ſexuel des Plantes;

portoit point de fruit; de façon que toutes les fois que l'on a fait l'expérience d'intercepter, entre les deux parties sexuelles des plantes, cette communication qui est le principe de leur fécondation, elles ont toujours été stériles. Les Auteurs de ce systême, après une anatomie exacte de toutes les parties des plantes, leur ont donné des noms fondés sur leur usage, & analogues à ceux des parties des animaux: ainsi pour les organes masculins *les filets* sont les *vases spermatiques*; *les antheres*, ou les sommets, sont les *testicules*; & dans les organes féminins, le *stylus* répond au *col de la matrice*; le *germen* est *l'ovaire*; & le *pericarpium* ou *l'ovaire fécondé*, est la *matrice*.

perfectionné par Linnæus;
213. Linnæus a l'honneur d'avoir perfectionné ce systême en réduisant tous les arbres & toutes les plantes à des classes particulières, distinguées par le nombre de leurs étamines ou organes mâles. Zaluzianski paroît avoir le premier distingué clairement, parmi les Modernes, la différence entre les plantes mâles, plantes femelles, & plantes androgynes, ou her-

maphrodites. Environ cent ans après lui, le Chevalier Millington, & le Docteur Grew, communiquèrent à la société Royale de Londres leurs observations sur la poussière fécondante des étamines. Camerarius (*a*), à la fin du dernier siècle, observa qu'en enlevant les étamines de quelques plantes mâles, comme du Mûrier ou du Maïs, les graines qui auroient dû produire le fruit, ne venoient point à maturité. Malpighi, Geoffroi, Vaillant ont aussi examiné avec soin cette poussière fécondante, & celui-ci paroît avoir été le premier témoin oculaire de ce secret de la Nature, & du jeu admirable qui se passe dans les fleurs des plantes entre les organes différens de ces deux sexes. Plusieurs Auteurs se sont ensuite attachés à faire valoir ce système, parmi lesquels les principaux sont Samuel-Morland, Logan, van-Royen, Bradley, Got-

---

(*a*) Vid. Camerarii Epistol. de sexu plantarum in Miscellan. Academiæ Leopoldinæ Naturæ curiosorum, decur. 3, anno 3, append., p. 33, impress. an. 1696, in-4º.

tliel, Ludwigius, Blair, Wolfius, Verdrées & Monroo.

<small>à quel point connu des Anciens ;</small>

214. Venons à préfent à examiner fi les Anciens ont connu cette vérité; ou fi, comme on les en accufe, ils n'en ont parlé que d'une manière vague & indécife. Je commence par convenir qu'ils n'ont pas parlé auffi exactement que les Modernes de l'anatomie de toutes les parties de la fleur des plantes, qui fervent à leur génération; du moins il ne nous eft parvenu rien d'eux là-deffus. Ils fe font même trompés quelquefois, en appliquant à différens ufages quelques-unes de ces parties; mais en cela, ils étoient plus excufables que quelques-uns de nos plus habiles Modernes, qui, malgré le fentiment, les expériences & les obfervations de plufieurs de leurs contemporains, font tombés dans de grandes erreurs fur ce fujet. Le plus habile Botanifte du fiècle, Monfieur de Tournefort, qui ne pouvoit pas ignorer les obfervations de Zaluzianski, de Millington, Grew, Malpighi, & Camerarius,

soutenoit cependant que les étamines des fleurs servoient à vuider ce que les sucs nourriciers contiennent, de moins propre pour la nourriture des jeunes fruits, & que ces parties n'étoient que les vaisseaux excrétoires des calices des fleurs.

215. Cet aveu fait, j'ose avancer, qu'à l'exception de la circonstance que je viens de remarquer, les Anciens connoissoient parfaitement la différence sexuelle des plantes, & la fécondation des fruits de la plante femelle par la poussière des fleurs des mâles ; on voit aussi qu'ils avoient une idée distincte des deux sexes sur deux différens individus. *qui ont distingué clairement entre les deux sexes des Plantes.*

216. Je ne veux point me servir de l'autorité d'un passage du poëte Claudien, qui, dans un enthousiasme poétique sur la force de l'amour, s'énonce en ces termes (a) : « les tendres rameaux ne vivent *Passage de Claudien.*

―――――――――――

(a) Vivunt in Venerem frondes, omnesque vicissim,
　Felix arbor amat, nutant ad mutua palmæ
　Fœdera, populeo suspirat populus ictu,
　Et platani platanis, alnoque assibilat alnus.
　　Claudian. de Nuptiis Honorii, & Mariæ.

» que pour Vénus ; & les arbres fortunés
» passent leur temps à s'aimer tour-à-tour ;
» le palmier caressant aspire à des em-
» brassemens mutuels avec le Palmier ; &
» l'Aune, le Platane & le Peuplier ne
» cessent de s'exprimer leur tendresse
» par des gémissemens mêlés de soupirs ».
Je laisse, dis-je, ce style de la poësie pour passer aux témoignages des Naturalistes, chez qui on trouve le système sexuel enseigné d'une manière qui n'est point équivoque.

Sentiment de Théophraste.

217. Théophraste dit que tous les arbres pouvoient être distingués en classes séparées, dans lesquelles on observe plusieurs différences; mais que le caractéristique le plus universel est celui du genre mâle & femelle (a). Et Aristote disoit qu'on ne

_____

(a) Πάντων ỹ, ὥσπερ ἐλέχθη, τῶν δένδρων, ὡς καθ' ἕκαστον γένος λαβεῖν, διαφοραὶ πλείους εἰσιν· ἡ μὲν κοινὴ πᾶσιν, ᾗ διαιροῦσι τὸ θῆλυ κỳ τὸ ἄρρεν. *Arborum universarum, ut dictum est, quoad genera sigillatim accipi possint, plures sanè differentiæ intelliguntur; publica tamen, quâ fœmina, masque distinguuntur.* Theophrastus Hist. Plant. Lib. 3, cap. 9, pag. 50. Edit. Lugd. Bat. 1693.

devoit pas imaginer que le mélange des deux sexes dans les plantes fût le même que parmi les animaux (*a*).

218. Il y avoit, il semble, plusieurs opinions différentes parmi les Anciens sur la maniere dont on devoit admettre que les plantes eussent la différence des sexes. Les uns pensoient qu'elles étoient comme des animaux complets, *qui comprennent dans un seul individu les deux facultés des différens sexes* (*b*). Empédocle agitoit la question; sçavoir, *si dans les plantes, le genre mâle se trouvoit distinct du genre fe-*

Si les plantes ont les deux sexes séparés ou sur un même individu.

―――

(*a*) Ὀυχ ὕτως, ἀλλὰ ἄλλῳ τινὶ τρόπῳ οἷον ὅτι τὸ σπέρμα τῦ φυτοῦ ὅμοιόν ἐστι ἐγκυμονήσει ζώῳ, ἥτις ἐςὶ μίξις ἄρρενός τε καὶ θήλεος. *Cæterùm masculi, in Plantis, sexûs, & fœmelli mistionem, alio quodam modo, imaginari debemus.* Aristotel. *de Plantis*, Lib. I, cap. 2, tom. 2, pag. 1011. C. D.

(*b*) Εἰσὶ δὲ οἱ τινες τὰ φυτὰ πεπληρωμένα ἀπολαμβάνουσι, καὶ τὴν χάριν τῆς ζωῆς αὐτῶν εἶναι διὰ τὰς δύο δυνάμεις ἃς ἔχει, ἤγουν.

Sunt autem qui putent, plantas completas esse, & integras, vitamque ipsarum, duarum facultatum gratiâ esse, quæ insunt ipsis. *Aristot. de Plantis*, Lib. I, cap. 2, pag. 1011. E. tom. 2.

melle ; ou si les deux genres se trouvoient compris dans chaque espèce (*a*); & il concluoit *que les plantes étoient androgynes* ou *hermaphrodites* ; c'est-à-dire, qu'*elles avoient le mélange des deux sexes* (*b*). Aristote, de son côté, balançoit, s'il devoit admettre avec cet ancien philosophe que les deux sexes se trouvassent réunis dans la même plante, ou s'il falloit dire qu'ils étoient séparés.

Erreurs d'Aristote là-dessus.

219. Il est vrai que le même auteur

(*a*) Ὅπερ εἶπεν ὁ Ἐμπεδοκλῆς, ἤγουν εἰ εὑρίσκεται ἐν τοῖς φυτοῖς γένος θῆλυ, καὶ γένος ἄρρεν, κ̓ εἰ ἐστιν εἶδος κεκραμμένον ἐκ τούτων τῶν δύο γενῶν. Id Empedocles dixit, an scilicet in plantis sexus fœmininus, masculinusque reperiantur, aut an species ex hisce duobus sexibus commista. *Aristot. de Plantis Lib.*1, *c.* 2. *p.* 1011. *A. tom.* 2.

(*b*) Γένος ἐν τούτοις κεκραμμένον εἶναι. *Empedocles verò sexum his admistum esse putavit. Aristot. de Plantis, Lib.* 1, *cap.* 1 & 2, *p.* 1008. B.

Πάλιν ὀφείλομεν ζητεῖν, πότερον εὑρίσκονται ταῦτα τὰ δύο γένη κεκραμμένα ἅμα ἐν τοῖς φυτοῖς, ὡς εἶπεν Ἐμπεδοκλῆς. Quærendum rursùs est, invenianturne hæc duo genera simul commista in plantis esse, ut Empedocles dicit. *Idem, ibid.* 1011. *B. tom.* 2.

erroit dans la manière de distinguer les plantes mâles d'avec les plantes femelles; car il croyoit que cette différence consistoit en ce que le mâle étoit plus grand, & plus fort, & la femelle plus foible, mais plus féconde (*a*); & il disoit aussi que le mâle avoit plus de branches, étoit plus sec, & mûrissoit plus vîte que la femelle (*b*) : mais il faut observer que le témoignage d'Aristote n'est pas celui sur lequel on prétend s'appuyer davan-

---

(*a*) Ἐπεὶ γοῦν εὑρίσκεται ἐν τοῖς φυτοῖς, ὅτι ἔχει τὰ φυτὰ ἄρρος ἄρρεν, ϰαὶ θῆλυ, ϰαὶ πάντως τὸ μὲν ἄρρεν ἐστὶ τραχύτερον, ϰαὶ σκληρότερον, ϰαὶ μᾶλλον θλίβον, τὸ δὲ θῆλυ ἀσθενέστερον, ϰαὶ ϰαρποφόρον πλέον. *Cùm itaque in Plantis reperiatur, quòd unaquæque species masculum genus habeat, & fœmellum, & omninò, quod masculum est, asperius est, ac durius, rigidiusque; fœmellum debilius, & fœcundius. Aristot. de Plantis, Lib.* 1, *cap.* 1, *pag.* 1011. *A.*

(*b*) Ὅτι τὸ μὲν ἄρρεν ἐστὶ πυκνότερον, σκληρότερον, ϰαὶ πολυκλωνότερον, ἧττον ὑγρόν, ϰαὶ ταχύτερον εἰς πέπανσιν ἐν φύλλα· τὸ δὲ θῆλυ, ἐπ' ἔλαττον ἔχει ταῦτα. *Nam masculus spissior est, ac durior, plurimis ramis abundans, minùs humectus, celerior in maturationem; fœmella verò omnia hæc minùs habet. Arist. de Plantis, Lib.* 1, *c.* 7. *p.* 1018. *A. tom.* 2.

tage pour faire voir que les Anciens connoissoient le système sexuel des plantes ; on ne le trouve que confusément indiqué dans ses écrits ; & il sert plus ici à exposer les sentimens des autres philosophes qu'à fournir lui-même des raisons pour établir ce système.

<small>Opinion judicieuse d'Empédocle.</small>

220. Empédocle croyoit que tout ce qui naît tire son origine d'une semence, qu'il comparoit aux œufs, en ce qu'il s'y trouve, dès le commencement, un aliment propre à nourrir, lequel se porte aussi-tôt à la racine (*a*) ; & Aristote, raisonnant sur ce sentiment d'Empédocle, dit que *dans les plantes, les deux sexes sont*

(*a*) Εἶπε πάλιν Ἐμπεδοκλῆς, ὅτι τὰ φυτὰ, εἰ καὶ οὐ γεννῶσι· διότι τὸ γεννώμενον οὐ γεννᾶται, εἰ μὴ ἐκ τῆς φύσεως τοῦ σπέρματος· κᾐ ὅπερ μέν τι ἐξ αὐτοῦ ἐν τῇ ἀρχῇ. Τροφὴ γίνεται τῆς ῥίζης, καὶ τὸ γεννώμενον κινεῖ αὐτὸ ἑαυτὸ παραυτίκα. Rursùs ait Empedocles, quòd plantæ, licet pullos non generent ; quia *res, quæ nascitur, non nisi ex naturâ seminis nascitur* ; & quod fit, quod remanet ex eo in principio, cibus radicis, & nascens movet se statim. *Aristot. de Plantis*, Lib. 1, c. 2, p. 1011. D. tom. 2.

réunis; ce qui fait qu'elles se reproduisent d'elles-mêmes ; & au lieu de fœtus, donnent une semence, en laquelle consiste leur génération : c'est pourquoi Empédocle appelloit avec raison les plantes *ovipares*; car » l'œuf, disoit-il, est le fruit de la » génération, dont une partie sert à for- » mer la plante, & l'autre à nourrir le » germe & la racine; & dans les ani- » maux de sexes différens, on voit que, » pour se reproduire, la Nature les porte » à s'unir, & à ne faire qu'un, comme » les plantes, afin que de l'assemblage » des deux il résulte un autre animal « (*a*).

―――――――――――――――――――――

(*a*) Ἐν δὲ τοῖς φυτοῖς μεμιγμέναι αὗται αἱ δυνάμεις εἰσὶ, καὶ ὐ κεχώρισαι τὸ θῆλυ τῦ ἄρρενος. διὸ κỳ γεννᾷ αὐτὰ ἐξ αὐτῶν, κỳ ὐ προίεται γονὴν, ἀλλὰ κύημα τὰ καλούμῳα σπέρματα κỳ τῦτο καλῶς λέγει Ἐμπεδοκλῆς ποιήσας·

Οὕτω δ' ᾠοτοκεῖ μικρὰ δένδρεα πρῶτον ἐλαίας.

Τὸ, τε γὰρ ᾠὸν, κύημά ἐςι, κỳ ἐκ τινος αὐτῦ γίγνεται τὸ ζῶον. (τὸ δὲ λοιπὸν, τροφὴ τῦ σπέρματος, κỳ ἐκ μέρους γίγνεται τὸ φυόμῳον.) Τὸ δὲ λοιπὸν, τροφὴ γίγνεται τῷ βλαςῷ, κỳ τῇ ῥίζῃ τῇ πρώτῃ· τρόπον δέ τινα ταῦτα συμβαίνει κỳ ἐν τοῖς κεχωρισμένον ἔχουσι ζώοις τὸ θῆλυ, κỳ τὸ ἄρρεν· ὅταν γὰρ ἐν γένηται, κỳ γλωττᾷ, γίνεται ἀχώριςον, ὥσπερ ἐν τοῖς φυτοῖς. κỳ βύλεται ἡ φύσις αὐτῶν ἐν γίνεσθαι,

Observations & Expériences des Anciens.

221. Quant à la manière dont se faisoit la fécondation des fruits, les Anciens n'ignoroient pas que c'étoit par le moyen de la poussière prolifique, qui se trouvoit sur la fleur du mâle; & ils avoient porté l'exactitude de leurs observations jusqu'à remarquer *que les fruits des arbres ne mûrissoient point, s'ils n'étoient auparavant fécondés par cette poussière.....*

ὅπερ ἐμφαίνεται κατὰ τὴν ὄψιν μιγνυμένων, κ᾽ συνδυαζομένων, ἐν τῷ ζῶον γίγνεσθαι ἐξ ἀμφοῖν.

At in plantis facultates istæ miscentur, nec mas à fæminâ separatur. Quamobrem ex se ipsâ progenerant, nec genituram emittunt, sed conceptum, quod semen vocatur, afferunt. Idque Empedocles benè retulit suo carmine;

Deindè etiam oviparo genus arborem tulit ortu.

Ovum enim, conceptus est, & animal ex parte ejus creatur: reliquum alimentum est animalis fæminis, etiam aliquâ ex parte consistit, quod oritur: reliquum alimentum germini, radicique primæ est. Hoc idem quodam modo in iis quoque evenit animalibus, quæ sexu distinguuntur. Cùm enim uniuntur, & generant, inseparata redduntur, ut plantæ: idque naturâ eorum nititur, ut unum fiat; quod, cùm coëunt, & conjunguntur, conspicitur unum

Ariſtote dit là-deſſus (a), ,, que ſi l'on ſe-
,, couoit la pouſſière d'un rameau de pal-
,, mier mâle ſur un palmier femelle, les
,, fruits de celui-ci mûriſſoient auſſi-tôt;
,, & qu'il arrivoit encore que, lorſque le
,, vent portoit cette pouſſière du palmier
,, mâle ſur le palmier femelle, les fruits
,, de ce dernier mûriſſoient, comme ſi
,, on eût ſuſpendu le rameau du mâle
,, ſur la femelle ,,.

---

effici animal ex ambobus. *Ariſtot. de generat. Animalium. Lib.* 1 *cap.* 23. *p.* 1069. *tom.* 1.

(a) Ἐν δὲ τοῖς φοίνιξιν ἂν φύλλα, ἢ ψῆνις ἢ φλοιὸς τῦ ἄῤῥενος φοίνικος τοῖς φύλλοις τῦ θήλεος συντεθείη, ἵνα πως συναφθῶσι, ταχέως πεπαίνονται οἱ καρποί..... τυχὸν δὲ κ̀ ἐι ἐκ τῆς ἰυαδίας τῦ ἄῤῥενος ἐπαγάγῃ τὶ ὁ ἄνεμος πρὸς τὸν θῆλυν, πεπαίνονται κ̀ ὕτως οἱ καρποὶ, ὥσπερ ὁπόταν τὰ φύλλα τῦ ἄῤῥενος τῷ θήλει ἀπαιωρῦνται. In palmis quoque *ſi* folia, vel *foliorum pulvis, vel palmæ maſculinæ cortex foliis fœmellæ palmæ apponantur, ut cohæreant*, citò matureſcent ejus fructus........ Quòd ſi fortè ex maſculo abduxerit quā'piam ventus ad fœmellam, ſic quoque *matureſcent ipſius fructus*, quemadmodùm cùm folia maſculi ex illâ fuerint ſuſpenſa. *Ariſtot. de Plantis. Lib.* 1. *cap.* 6. *pag.* 1017. *A. B. tom.* 2.

Expériences sur la fécondation du Palmier.

222. Théophraste, parlant sur le même sujet, dit : „ on accouple le palmier mâ-
» le avec la femelle afin de lui faire pro-
„ duire des fruits, & pour cet effet on
» s'y prend ainsi : lorsque le palmier mâle
» est en fleur, on choisit un rameau qui
» n'ait pas encore perdu ce duvet, ou
» cette poussière qui est dans la fleur,
» & on le secoue sur le fruit de la fe-
» melle; cette opération lui conserve ses
» fruits, & les amène à une parfaite ma-
„ turité « (a).

─────────────

(a) Τοῖς δὲ φοίνιξιν αἱ ἀπὸ τ̄ ἄρ'ρ'ενων πρὸς τὰς θηλείας. ὕτοι γὰρ εἰσιν οἱ ἐπιμύειν ποιοῦντες, κ̣ ἐκπέττειν. ὁ καλοῦσί τινες, ἐκ τῆς ὁμοιότητος, ὀλυνθιάζειν. γίνεται δὲ τόνδε τρόπον· ὅταν ἀνθῇ τὸ ἄρ'ρ'εν, ἀπολέμοντες τὴν σπάθην ἀφ' ἧς τὸ ἄνθος, εὐθὺς ὥσπερ ἔχει, τόν τε χνῦν κ̣ τὸ ἄνθος κ̣ τὸν κονιορτὸν, κατασείουσι κατὰ τȣ̄ καρπȣ̄ τῆς θηλείας, κἂν τȣ̄το πάθη, διατηρεῖ κ̣ ὐκ ἀποβάλλει· φαίνεται δὲ ἀμφοῖν ἀπὸ τȣ̄ ἄρ'ρ'ενος τοῖς θηλέσι βοήθειαν γίνεσθαι· θῆλυ γὰρ καλοῦσι τὸ καρποφόρον. Palmis autem fœminis masculi conducunt. Hoc enim & perdurare, & maturescere fructus facit. Caprificationem, ob similitudinem, quidam rem appellarunt, quæ sic fieri solet : dùm mascula floret, spathâ abscissâ, quâ flores emergunt, protinùs, ut lanuginem, & florem, & pulverem continet, super fructum fœminæ

223. " Les Naturalistes, dit Pline, ad- *Observations de Pline.*
" mettent les différences des sexes non
" seulement dans les arbres, mais encore
" dans les herbes, & dans toutes les plan-
" tes; mais ceci ne s'observe nulle part,
" ajoûte-t-il, d'une manière aussi remar-
" quable que dans les palmiers, *parmi*
" *lesquels les femelles ne produisent jamais*
" *sans les mâles qui les fécondent par leur*
" *poussière* ": il appelle les palmiers femelles, privées de secours, *des veuves stériles*;
il compare l'accouplement des plantes
à celui des animaux, & dit (a) qu'*il suffit*

---

decutiunt. *Illa sic eâ aspersione afficitur, ut suos fructus nullo pacto amittat, sed cunctos conservet. Undè fit, ut bifario adjumento mas esse fæminæ valeat. Fructiferam enim fæminam vocant.* Theophrastus. Hist. Plant. Lib. 2. cap. 9. p. 38. Edit. Heinsiand. Lug. Bat. 1513. fol. *Vide & eundem de causis Plantarum.*

(a) *Arboribus, imò potiùs omnibus quæ terra gignit, herbisque etiam*, utrumque sexum esse *diligentissimi naturæ tradunt. Quod in plenum satis sit dixisse hoc in loco. Nullis tamen arboribus manifestius. Mas in palmite floret: fæmina citra florem germinat tantùm spinæ modo....... Non sine*

que les plantes femelles reçoivent l'aspersion de la poussière ou du duvet des fleurs du mâle, pour donner des fruits.

---

maribus gignere fœminas....... Illum erectis hispidum, afflatu, visuque ipso, & pulvere etiam reliquas maritare. Hujus arbore excisâ viduas post sterilescere fœminas. Adeoque est veneris intellectus, ut coitus etiam excogitatus sit ab homine, ex maribus flore, ac lanugine, interim vero tantum pulvere insperso fœminis.

CHAPITRE VII.

De l'Isochronisme des vibrations du Pendule, de la Réfraction de la lumiere, & de la Réfraction Astronomique.

114. Les Arabes se sont appliqués avec beaucoup d'assiduité à l'étude des sciences, & la situation de leur climat les a portés toujours par préférence à l'étude de l'astronomie, qu'ils ont cultivée de très-bonne heure (*a*). Nous avons une quantité considérable de leurs écrits dans les grandes bibliothèques, qui ne sont jamais parvenus à notre connoissance, parce qu'ils sont toujours restés en manuscrits, & dans leur langue originale, si fort négligée parmi nous depuis quel-

Mérite des Arabes dans l'Astronomie.

(*a*) » Nous avons plusieurs obligations aux Arabes dans les sciences; mais ce que nous leur devons de plus considérable est l'art de compter par dix chiffres, & en montant par la proportion décuple, qu'on attribue aussi avec quelque fondement aux Indiens.

H ij

ques siècles. Cependant ceux qui se sont donné la peine de fouiller avec soin dans ces manuscris, ont été bien récompensés de leurs travaux par les connoissances qu'ils y ont puisées de plusieurs idées neuves & originales, & d'inventions curieuses & utiles. Un sçavant d'Oxford, qui avoit examiné avec soin les manuscrits Arabes qui se trouvent à la fameuse bibliothèque de cette université, rend témoignage à cette vérité d'une maniere bien propre à inviter tous les autres sçavans à suivre son exemple dans cette espèce de recherches; entre autres motifs qu'il apporte, comme devant produire cet effet, il dit : ″ plusieurs
″ avantages rendent recommandable l'as-
″ tronomie des Orientaux, comme la sé-
″ rénité des régions où ils ont observé ;
″ la grandeur & l'exactitude des instru-
″ mens qu'ils ont employés ; & qui sont
″ tels, que les Modernes auroient de la
″ peine à le croire ; la multitude des
″ observations & des écrivains, dix foi
″ plus grande que chez les Grecs & le

» Latins; le nombre enfin des princes
» puissans qui l'ont aidée par leur protec-
» tion & leur magnificence. Une lettre ne
» suffit pas, dit-il, pour faire connoître
» ce que les Astronomes Arabes ont trouvé
» à redire dans *Ptolomée*, & leurs tenta-
» tives pour le corriger; quel soin ils
» ont pris pour mesurer le temps par
» des clepsydres, par d'immenses hor-
» loges solaires, & même, ce qui sur-
» prendra, *par les vibrations du Pendule*;
» avec quelle industrie enfin, & avec
» quelle exactitude ils se sont portés dans
» ces tentatives délicates, & qui font tant
» d'honneur à l'esprit humain, sçavoir,
» de mesurer les distances des astres, &
» la grandeur de la terre ».

225. Voici donc *les vibrations du Pen-* Vibrations
dule demontrées avoir été employées par du Pendule.
les anciens Arabes, long-temps avant l'é-
poque que nous assignons ordinairement à
l'origine de cette découverte; & l'usage
de cette connoissance paroît avoir été
appliqué à mesurer plus exactement le
temps, selon l'emploi que nous en faisons.

Réfraction de la lumière;

226. La découverte de la réfraction de la lumière a une origine plus ancienne que celle que l'on lui suppose, & la cause de cette réfraction paroît avoir été connue même du temps de Ptolomée. Suivant le rapport de Roger Bacon, ce grand philosophe & géographe avoit donné la même explication de ce phénomène que Descartes en a donnée depuis, en disant que le *rayon passant d'un milieu plus rare dans un milieu plus dense, s'approchoit de la perpendiculaire.* Ptolomée avoit écrit un traité d'Optique, qui subsistoit encore du temps de Bacon; & Alhazen, non seulement paroît avoir connu ce traité de Ptolomée, mais encore y avoir puisé tout ce qu'il dit de mieux sur la réfraction de la lumière, la réfraction astronomique, & la cause de la grandeur extraordinaire des astres vus à l'horison. Ce dernier point, discuté avec tant de chaleur entre Mallebranche & Régis, avoit été déjà décidé par Ptolomée, de la manière la plus raisonnable.

connue de Ptolomée & d'Alhazen.

227. Ptolomée, & après lui Alhazen, disoient donc, »que quand un rayon de

» lumière passoit d'un milieu plus rare pour
» entrer dans un milieu plus dense, en ar-
» rivant vers la surface du milieu plus den-
» se, il changeoit de direction & commen-
» çoit à décrire une ligne, dont la direc-
» tion étoit entre sa première direction
» droite, & la ligne perpendiculaire, tom-
» bante dans le milieu plus dense «. Bacon
dit encore, d'après Ptolomée, que » l'an-
» gle formé par la différence de ces deux
» lignes n'est pas toujours divisé en deux
» parties égales ; parce que, suivant la
» plus ou moins grande densité des diffé-
» rens milieux, le rayon de lumière est
» plus ou moins réfracté, & forcé à s'é-
» carter davantage de sa première direc-
» tion « (a) ; en quoi il s'étoit approché

(a) *Et fractio est duobus modis. Quandò igitur medium secundum est densius, tunc fractio speciei est in superficie corporis secundi inter incessum rectum, & perpendicularem ducendam à loco fractionis in corpus secundum, & declinat ab incessu recto* in profundum corporis secundi, dividens angulum qui est inter incessum rectum, & perpendicularem ducendam à loco fractionis in corpus secundum. Non tamen dividit illum angu-

bien près de la raison donnée ensuite par le chevalier Newton, qui déduisant les causes de la réfraction, de l'attraction des corps sur les rayons de la lumière, dit : que les milieux plus denses sont plus attractifs, à proportion de leur plus ou moins grande densité.

Réfraction Astronomique connue de Ptolomée.

228. Ptolomée ayant connu ce principe de la réfraction de la lumière, ne devoit pas manquer d'en conclure qu'elle étoit la cause des phénomènes que nous observons, par rapport aux astres vus à l'horison, quelque temps avant qu'ils y soient arrivés ; & Ptolomée en effet connoissoit la cause de ce phénomène, que l'on appelle réfraction astronomique ; & partant toujours du mê-

---

lum semper in duas partes æquales, licet hoc senserunt aliqui, quoniam secundùm diversitatem densitatis medii secundi accidit major recessus, & minor fractionis ab incessu recto, *secundùm quòd Ptolomæus in 5 aspectuum, & Alhazen in 7 determinant quantitates angulorum fractionis* multipliciter diversificari. Nam quantò corpus secundum est densius, tantò minùs recedit fractio ab incessu recto, propter resistentiam medii densioris. *Roger. Bacon, opus majus, pag. 297, 298. Edit. Venet. 1750.*

me principe, il en donnoit pour cause, la différence des milieux entre l'air, & l'éther qui est au-delà; laquelle faisoit que les rayons de la lumière qui partent d'un astre, entrant dans le milieu plus dense, qui est l'air qui nous environne (a), devoient naturellement être attirés davantage dans ce milieu, & par ce changement de leur direction, montrer ces astres à nos yeux avant qu'ils fussent réellement au-dessus de l'horizon. Alhazen enseigne même la manière dont on peut s'assurer de cette vérité par l'observation : « il recom- » mande de prendre un instrument com- » posé avec des armilles qui tournent au- » tour des poles; & après avoir mesuré la » distance d'une étoile au pole, lorsqu'elle » passe près du zénith sous le méridien, &

––––––––––––––––––––––

(a) *Sextus Empiricus adversùs Astrologos*, Lib. 5, Sect. 82, p. 351 parle ainsi de cette réfraction astronomique : « Est enim verisimile quòd, cùm aër » noster sit crassus, per visûs reflexionem signum » quod est adhuc sub terrâ, videatur jam esse supra » terram. Quod quidem fit etiam in radio solis, qui » reflectitur in aquâ. Non videntes enim solem, » ipsum sæpè esse solem opinamur ».

» lorsqu'elle paroît à l'horiſon », il dit qu'on
» doit trouver dans ce dernier cas la di-
» ſtance plus petite « : il fait voir enſuite
d'une maniere fort diffuſe que la réfraction
eſt la cauſe de ce phénomène. Je rapporte
ce paſſage, un peu long, à la vérité, après
avoir remarqué qu'il paroît par Roger
Bacon qu'Alhazen n'a rien dit ici que d'a-
près Ptolomée, & que ni l'un ni l'autre
n'avoient point appliqué cette importante
connoiſſance à l'aſtronomie, en faiſant voir
de-là que les hauteurs des aſtres, priſes
ſur-tout dans le voiſinage de l'horiſon, de-
mandent néceſſairement une correction (a).

(a) Et cùm quis hoc voluerit experiri, *accipiat inſtrumentum de armillis, & ponat illud in loco eminente, in quo poterit apparere horizon orienta-lis, & ponat inſtrumentum armillarum ſuo modo proprio:* ſcilicet ut ponat armillam, quæ eſt in loco circuli meridionalis, in ſuperficie circuli meridiei, & polus ejus ſit exaltatus à terrâ ſecundùm altitudi-nem poli Mundi ſupra horizontem loci in quo po-nitur inſtrumentum : *& in nocte obſervet aliquam ſtellarum fixarum magnarum, quæ tranſit per verti-cem capitis illius loci, aut propè ; & obſervet illam ab ortu ſuo in Oriente :* ſtellâ autem ortâ, revolvat

229. Roger Bacon cherchant la cause de la différente grandeur des astres vus à

Cause de la différente grandeur des Astres vus à l'horison, expliquée par Ptolomée.

armillam, quæ revolvitur in circuitu poli æquinoctialis, donec fiat æquidistans stellæ, & certificetur locus stellæ ex armillâ, & sic habebit longitudinem stellæ à polo mundi. Deindè observet stellam, quousque pervenerit ad circulum meridiei; & resolvat armillam, quam priùs moverat, donec fiat æqui distans stellæ : & sic habebit longitudinem stellæ à polo mundi, cùm stella fuerit in vertice capitis. Hoc autem facto, inveniet remotionem stellæ à polo mundi in ascensione, minorem remotione ejus à polo mundi in horâ existentiæ ejus in vertice capitis. *Ex quo patet, quòd visus comprehendit stellas refractè, non rectè* : stella enim fixa semper movetur per eundem circulum de circulis æquidistantibus æquatori, & nunquam exit ab ipso, ita ut appareat, nisi in longissimo tempore. Et si stella comprehenderetur rectè, tùm lineæ radiales extenderentur à visu rectè ad stellas, & extenderentur formæ stellarum, per lineas radiales rectè, quousque pervenirent ad visum. Et si forma extenderetur à stellâ rectè ad visum, tunc visus comprehenderet eam in suo loco : & sic inveniret distantiam stellæ fixæ à polo mundi in eâdem nocte eandem : sed distantia stellæ mutatur eâdem nocte à polo mundi : ergò visus non rectè comprehendit stellam. In cœlo autem non est corpus

l'horifon, d'avec celle qu'ils paroissent avoir lorsqu'ils sont au-dessus de notre tête, suppose premièrement que cette cause pourroit être en ce que les rayons, qui partent de ces astres, passant d'un milieu rare qui est l'éther, dans un milieu plus dense ou l'air qui nous environne, sont rompus par ce passage dans un différent milieu, ainsi que par l'interposition des nuées ou des vapeurs qui s'élèvent de la terre, & que cette réfraction répétée produit un écartement des rayons, qui doit servir à représenter l'objet plus grand à nos yeux, quoique, dit-il ensuite, il y ait une autre cause plus raisonnable, apportée pour rendre raison de ce phénomène, qui est celle que Ptolomée & Alhazen ont en-

---

densum tersum, nec in aere, à quo possint formæ reflecti. Et cùm visus non comprehendat stellam rectè, nec secundùm reflexionem, *ergò secundùm refractionem*; cùm his solis tribus modis comprehendantur res à visu; *ex diversitate ergò distantiæ ejusdem stellæ in eâdem nocte à polo mundi, patet procul dubio, quòd visus comprehendat stellas refractè*. Alhazen. L. 7, c. 4. n°. 15. p. 251. Edit. 1572. *de opticis*.

feignée (a) ; & il ajoûte que ces Auteurs penfoient que la raifon pour laquelle les aftres font apperçus plus grands à leur lever & leur coucher, que vus au-deffus de notre tête, vient de ce que n'y ayant point d'objet intermédiaire entre nous & une étoile vue au ciel au-deffus de notre tête,

―――

(a) Secundùm autem Ptolomæum, & Alhazen oportet fcire, quòd non fit fractio in fuperficie aëris, qui propriè dicitur aër, fecundùm quòd diftinguimus aërem ab igne, five æthere, cùm non inveniatur aliqua diverfitas afpectûs noftri caufari, nifi propter unicam fractionem fpecierum venientium à ftellis per fphæram aëris, & ignis, five ætheris, quantùm eft de puritate naturæ fuæ ; hoc dico, quia mediantibus nubibus, & vaporibus accidit magna diverfitas, quia fol, & ftellæ omnes videntur effe majoris quantitatis in horizonte, quàm in medio cœli, propter interpofitionem vaporum exeuntium in aëre inter nos, & ftellas orientes, in quibus vaporibus franguntur radii folares propter fractionem quam habuerunt in fuperficie ignis ; quæ fractio facit, ut videantur majoris quantitatis in horizonte, quàm in cœli medio ; quamvis & alia fit caufa hujus majoritatis perpetua, ficut Ptolomæus, & Alhazen determinant. *Roger. Bacon. loc. cit. p.* 302.

nous la jugeons plus proche de nous que n'est une étoile à l'horison, à cause que l'interposition des objets que nous appercevons sur terre entre nous & le soleil ou la lune à l'horison, servant à mesurer des intervalles dans la distance qui se trouve de ces astres à nos yeux, l'idée qu'ils sont à une plus grande distance nous les fait imaginer plus grands; ainsi l'éloignement apparent du soleil ou de la lune à l'horison, naissant de l'interposition des objets entre eux & nous sur la surface de la terre, (ce qui ne peut être de même lorsqu'ils sont vus au-dessus de notre tête) l'idée de leur grandeur doit s'augmenter conséquemment en notre esprit à mesure que nous les jugeons à une plus grande distance, & ils doivent nous paroître alors plus grands vus à l'horison, que vus au zénith (a). Cette

---

(a) Quòd autem stellæ ex causâ perpetuâ videantur majores in oriente, & occidente, quàm in medio cœli, dicit Ptolomæus in 3°, & 4°, & Alhazen in 7°; & potest demonstrari per hoc, quòd visus judicat cælum, quasi planæ furæ extensæ super caput in Orientem, & Occidentem, quandò aspicit

DES ASTRES.

raison est celle que Mallebranche a soutenue contre M. de Régis, laquelle est sans doute la plus philosophique; & M. de Régis se trompe lorsqu'il veut que les vapeurs, rompant les rayons du soleil ou de la lune, les fassent paroître plus grands; car la ré-

---

ad alterum illorum; sed quod videtur prope caput, propinquius videtur, & ideò stella, quandò est in medio cœli, videtur esse propinquior, & ideò in horizonte videtur magis distare. Sed quod magis videtur distare, videtur esse majus, postquàm sub eodem angulo videtur; sed quod secundùm veritatem magis distat est majus, postquàm sub eodem angulo cum re minori videtur, ut A B magis distat ab oculo, & majus est quàm C D, & C D quàm E F. Ergò tunc relinquitur, quòd stellæ apparent majoris quantitatis in Oriente, quàm in medio cœli. Et hoc patet aliter. Remotio earum, quandò sunt in Oriente, comprehenditur per interpositionem terræ; sed sic non possunt comprehendi, quandò sunt in medio cœli, propter insensibilitatem aëris. Ergò cùm magis percipitur earum remotio, quandò sunt in Oriente, quàm in medio cœli, sequitur, quòd magis videntur tunc distare, quàm quandò sunt in medio cœli. Ergò, ut priùs, apparebunt majores. *Roger. Bacon. Opus majus, p. 247.*

fraction ne contribue qu'à augmenter leur élévation apparente sur l'horison (*a*), & devroit même diminuer un peu l'angle visuel sous lequel ils sont vus, si le jugement naturel qui se forme en nous de leur éloignement, à cause qu'ils nous paroissent au-delà des objets intermédiaires que nous voyons fort éloignés de nous, ne s'opposoit à ce que nous les voyions tels qu'ils sont réellement ; & c'est une vérité que nous devons à Ptolomée il y a plus de 1500 ans.

(*a*) Mallebranche, *Recherche de la vérité, Liv.* I, *ch. 9. & les éclaircissemens sur ce chapitre.*

CHAPITRE

CHAPITRE VIII.

Tentatives sur la Quadrature du Cercle.

129. La quadrature du cercle est aussi un problême qui n'a pas encore été résolu, & dont on doute s'il est possible de le résoudre ; les plus grands efforts des plus grands mathématiciens de tous les siècles à ce sujet se sont réduits à approcher le plus qu'il étoit possible de la solution de ce problême ; & ceux qui en ont donné l'approximation la plus exacte ont été ou les Anciens, ou ceux des Modernes qui ont suivi la méthode des Anciens. On sçait que trouver la quadrature du cercle consiste à déterminer le rapport du diamètre d'un cercle à sa circonférence ; or s'il reste aux géomètres quelqu'espérance de trouver ce rapport, elle est fondée sur une découverte d'Hippocrate de Chio, appellée la quadrature des lunules, qui lui inspira, dit-on, la confiance de chercher la quadrature du cercle (*a*).

Résultat des tentatives sur la quadrature du cercle. Hippocrate de Chio.

(*a*) " Il ne faut pas confondre cet Hippocrate

Les Anciens ont été aussi loin que les Modernes en ce point.

230. Je sortirois de mon sujet, si j'entrois dans une discussion trop épineuse sur la nature de ce problème; il suffit, pour le but que je me propose, de faire voir que dans cette matière, comme dans bien d'autres qui roulent sur les mathématiques, les Anciens ont été aussi loin que les Modernes, & leur ont laissé peu de chose à ajoûter à leurs recherches.

Tentative d'Anaxagore;

231. Anaxagore paroît avoir été le premier (*a*) qui ait fait une tentative aussi hardie que l'est celle de cette découverte; & ce fut dans les prisons d'Athènes que ce

---

„ avec le pere de la Médecine Hippocrate de l'isle
„ de Cos. Celui dont il est question ici étoit un fa-
„ meux géomètre qui vivoit environ 500 ans avant
„ Jésus-Christ, & est le même dont Plutarque parle
„ comme d'un habile mathématicien dans la vie
„ de Solon, p. 79. *Vid. Aristotelem in Ethic. Eudem. Lib.* 7. *c.* 14. *tom.* 2, *p.* 287, *& in sophist. Elenchis, Lib.* 1, *c.* 11. *tom.* 1, *p.* 293. Voyez sa vie dans les *Mém. de l'Académie de Berlin.*

(*a*) Ἀναξαγόρας μὲν ἐν τῷ δεσμωτηρίῳ τὸν τοῦ κύκλου τετραγωνισμὸν ἔγραψε. Anaxagoras in carcere quadraturam circuli descripsit. *Anaxagoras in Plutarcho, tom.* 2, *de Exsilio, p.* 607. *E.*

grand philosophe appliqua son esprit à cette recherche.

232. Plutarque dit positivement qu'il trouva la quadrature du cercle; mais on ne doit prendre ceci que comme une manière de parler générale, laquelle ne veut pas dire qu'Anaxagore ait en effet résolu exactement ce problême; d'autant plus que S. Clément Alexandrin & Diogène de Laërce, qui s'accordent avec Plutarque à rendre à Anaxagore le même témoignage, ne disent pas quel étoit le rapport que ce grand homme avoit déterminé se trouver entre ces deux figures. *rapportée par Plutarque, Diogène de Laërce & Clément Alexandrin.*

233. Il paroît que ce problême avoit de bonne heure occupé les esprits des géomètres; car outre Hippocrate & Anaxagore, dont nous venons de parler, Aristote parle en plusieurs endroits (a) des efforts de Bryson & d'Antiphon Pythagoriciens, qui se flattoient aussi d'avoir trouvé la quadrature du cercle; & Aristophane, qui cherchoit *Autres tentatives des Anciens.*

_____
(a) *Aristotel. analytica posteriora*, Lib. 1, c. 9, p. 139. A. tom. 1, *& de Sophist. Elenchis*, Lib. 1, pag. 293. A, & C. D.

à donner un ridicule aux choses les moins susceptibles d'en recevoir, badine les sçavans de son temps qui s'attachoient à résoudre ce problême (a) : & long-temps avant l'âge des philosophes Grecs, on trouve deux passages de l'Ecriture, dans lesquels il est fait mention du rapport de la circonférence d'un cercle à son diamètre. C'est lorsque, l'Auteur sacré (b), faisant la description d'un vaisseau de fonte, dit qu'il avoit dix coudées de diamètre, sur trente de circonférence, de façon que la circonférence, suivant cette description, auroit été comme 3 à 1 ; mais ce rapport, quoiqu'à-peu-près juste, n'est cependant pas de l'exactitude qui est requise en pareil cas : aussi les témoignages de l'Ecriture ne doivent être cités que pour nous guider dans nos mœurs, & nullement dans des connoissances sur les sciences

---

(a) *Aristophan. in Comed. avium*, p. 913. *Edit. Genev.* 1614. *Poet. Græc.* introduit un Géomètre qui veut mesurer l'air, & quarrer le cercle.

(b) *Lib.* 3. *de Reg. c.* 7, *v.* 23. *Et Paralipomenon, Lib.* 2, *c.* 4, *v.* 2.

exactes ; elle a été donnée aux hommes, pour les rendre vertueux, non pour en faire d'habiles phyſiciens, ou des mathématiciens profonds.

234. Au reſte, une des approximations les plus exactes eſt celle d'Archimède (*a*) ; & après lui Philon, & Apollonius l'ont encore portée plus loin. Le premier établit le rapport du diamètre du cercle à ſa circonférence comme de 7 à 22, ou entre 21 & 22 ; & c'eſt en faiſant uſage de la méthode d'Archimède (*b*), que Wallis a

Efforts d'Archimede, de Philon & d'Apollonius.

(*a*) *Archimedes de circuli dimenſione*, Lugd. Bat. 1594. & in 3°. vol. oper. *Walliſii* 1699. fol..... *Vid. & Proclum in primum Euclidis*, L. 4, p. 110.

(*b*) Primus Archimedes, quantùm conſtat, invenit, quæ ſit ratio inter conum, ſphæram, & cylindrum ejuſdem altitudinis, & baſis, nempe qualis eſt numerorum 1, 2, 3, ita ut cylinder ſit triplus coni, & ſeſquialter ſphæræ ; unde ſphæram, & cylindrum etiam ſepulchro ſuo inſculpi juſſit. Idem invenit quadraturam parabolæ...... Sed circulus nondùm hactenùs cogi potuit ſub hujuſmodi leges, quamvis ab omni retrò memoriâ à Geometris exercitus. Nondùm enim inveniri potuit numerus exprimens rationem circuli ad quadratum circumſcriptum, nec ratio circumferentiæ ad dia-

donné les règles qui atteignent de plus près la quadrature du cercle, sans cependant jamais y arriver, quelque loin qu'elles soient poussées. Cette méthode d'Archimède consiste à diviser un arc continuellement en des parties jusqu'à un certain nombre de figures dans chaque bisection ; ce qu'il fit en inscrivant & circonscrivant au cercle deux polygones de 96 côtés chacun,

---

metrum. Archimedes quidem polygona circulo inscribens, quoniam major est inscriptis, & minor circumscriptis, modum ostendit exhibendi limites intra quos circulus cadat, sive exhibendi appropinquationes; esse scilicet rationem circumferentiæ ad diametrum majorem quàm 3 ad 1, seu quàm 21 ad 7, & minorem quàm 22 ad 7. Hanc methodum alii sunt prosecuti, Ptolomæus, Vieta, Metius, sed maximè Ludolphus Coloniensis, qui ostendit esse circumferentiam ad diametrum, ut 3. 14159265358979323846, &c. ad 1. 0000000000000000000

Verùm hujusmodi appropinquationes, etsi in Geometriâ practicâ utiles, nihil tamen exhibent, quod menti veritatis avidæ satisfaciat, nisi progressio talium numerorum in infinitum continuandorum reperiatur.

& après les avoir mesurés, il tire la conséquence que la circonférence est entre les deux limites du polygone inscrit, & du polygone circonscrit ; de sorte que le rayon étant 1, le polygone inscrit est plus grand que 3 & $\frac{10}{71}$, & le polygone circonscrit est moindre que 3 & $\frac{1}{7}$: & on est alors fort près de l'exacte vérité, en prenant trois fois le diamètre & un septième, pour la valeur de la circonférence ; puisque le rapport que l'on a trouvé jusqu'ici, qui approche le plus du vrai rapport, est celui de 113 à 355, qui ne diffère de l'exacte valeur que de $\frac{3}{10\,000\,000}$; & ce dernier calcul est d'Adrien Métius, mathématicien du dix-septième siècle (*a*). Il n'est pas douteux qu'Archimède eût pu porter plus loin l'approximation de son calcul ; mais il se contente de remplir son objet, qui étoit le besoin ordinaire des arts ; & ce qu'il avoit négligé de faire, Apollonius le fit après lui, suivant ce qu'Eutoccius (*b*) nous apprend ;

(*a*) *Adrien Métius, Geom. Pratiq. Liv.* 1, *c.* 10.
(*b*) *Eutoccii Comment. in Archimedem de dimensione circuli.*

& le même auteur dit que Philon de Gadare, qui vivoit au troisième siècle, avoit poussé jusqu'à des 10000mes. l'approximation d'Archimède (a).

Quadrature de la parabole par Archimède, & autres travaux des Anciens en ce genre.

235. Une des découvertes géométriques qui a fait le plus d'honneur à Archimède, est la quadrature de la parabole, que l'on remarque être le premier exemple de quadrature exacte & absolue d'une courbe, supposant que l'on veuille refuser d'admettre dans ce genre la quadrature des lunules d'Hippocrate ; & cette quadrature exacte de la parabole, jointe à l'approximation de la quadrature du cercle, où étoit arrivé Archimède, perfectionnée ensuite par Apollonius & par Philon (b), doivent

---

(a) *Idem. ibidem.*

(b) Quadratura autem circuli est, quandò dato circulo, æquale quadratum constituerimus : hoc autem Arist. (ut videtur) nondùm novit ; tamen apud Pythagoricos inventum fuisse Jamblicus tradit, ut constat ex dictis, demonstrationibusque Sexti Pythagorici, qui per successionem susceperat artem demonstrationis, & post eum successit Archimedes, qui per lineam quæ dicitur Nicomedis, invenit eam. Item *Nicomedus quadrare circulum*

suffire pour assurer aux Anciens une gloire au moins égale à celle des Modernes dans les questions les plus difficiles des sciences les plus sublimes.

---

periclitatus est per lineam quæ propriè vocatur quadrans. Item Apollonius per quamdam lineam, quam ipse vocat sororem lineæ tortuosæ, ad instar cochleæ, testudinisve, quæ eadem est cum eâ quæ dicitur Nicomedis. Item corpus quadrare voluit per lineam quamdam, quam simpliciter ex duplici motu vocat. Item plerique alii, ut narrat Jamblicus, variis modis problema, & quæsitum probarunt. *Simplicius in prædicamenta Aristotelis, Edit. Scoti, Venet.* 1567. *fol. p.* 82. *Vid. & eundem in prim. Physicorum, pag.* 19. *Col.* 1. *Venet.* 1566.

CHAPITRE IX.

Miroirs ardens.

Miroirs ardens d'Archimède révoqués en doute par quelques Modernes;

236. LE génie fécond d'Archimède s'est manifesté d'une manière éclatante, non seulement dans les ouvrages qui nous ont été conservés de lui, mais aussi dans les descriptions admirables que les Auteurs de son temps nous ont faites de ses découvertes dans les mathématiques & la méchanique : quelques-unes des inventions de ce grand homme ont paru tellement au-dessus de l'imagination & de l'exécution de l'homme, que de célèbres philosophes les ont révoquées en doute (*a*), & ont été jusqu'à prétendre même en démontrer l'impossibilité. Le Chapitre suivant nous fournira plusieurs preuves de ce que j'avance ici ; & en attendant je destinerai celui-ci à examiner la question des miroirs ardens qu'Archimède employa, pour brûler les vaisseaux des Romains qui assiégeoient Syracuse.

(*a*) Descartes, Fontenelle & plusieurs autres.

Képler, Naudé, & Descartes ont traité ce fait de pure fable, quoique Diodore de Sicile, Lucien, Dion, Zonare, Galien, Eustache, Tzetzès & quelques autres Auteurs en aient fait mention ; & quelques-uns ont été même jusqu'à prétendre démontrer, par les règles de la Catoptrique, que la chose étoit impossible, contre l'assertion de plusieurs Auteurs de poids, qui eût dû les porter à ne pas rejetter si légèrement un fait aussi bien appuyé.

237. Tous n'ont pas été cependant dans cette erreur : le Pere Kircher, faisant attention à la description que Tzetzès donne des miroirs ardens d'Archimède, voulut en éprouver la possibilité, & ayant réfléchi par le moyen de plusieurs miroirs plans, les rayons du soleil à un même foyer, il augmenta (*a*) tellement la chaleur du so- *prouvés possibles par le Pere Kircher ;*

(*a*) *Kircher, arte magnâ lucis, & umbræ, Lib.* 10, p. 3. p. 874 *ad finem*, & *Problem.* 4, 3ª. *part. de magiâ catoptricâ*..... » Vitellion qui vivoit dans le
» treizième siècle, dans le Livre cinquième de son
» Optique, parle d'un ouvrage d'Anthemius Tral-
» lianius (un des successeurs de Proclus qui florissoit

leil, qu'il en conclut qu'en multipliant le nombre de ces miroirs, on pouvoit produire une chaleur de la plus grande intensité.

» dans le cinquième siècle) intitulé : *De Machinis*
» *admirabilibus*; qui se trouve en manuscrit dans
» les Bibliothéques de Vienne, du Vatican, &c. Cet
» Anthemius, suivant le rapport de Vitellion,
» avoit composé un miroir ardent à l'imitation de
» celui d'Archimède, lequel étoit formé de plusieurs
» miroirs plans, qui réfléchissant les rayons du so-
» leil à un foyer commun, produisoient une cha-
» leur considérable; & il dit précisément que vingt-
» quatre de ces miroirs suffisoient pour brûler.

L'ouvrage d'Anthemius a pour titre : Περὶ παραδό-
ξων μηχανημάτων (δεῖ ἐν τῷ δοθέντι τόπῳ κατασκευάσαι
ἀκτῖνα ἡλιακὴν ἀμετακίνητον). *Vid.* Lambeccium, *Commentariis*, L. 8. p. 191.

Kircher, p. 884, 887 » donne les règles de la
» Catoptrique, suivant lesquelles on peut faire des
» miroirs ardens avec plusieurs miroirs plans; &
» *pag.* 88 il parle d'une expérience qu'il a faite lui-
» même de brûler avec cinq miroirs plans dirigés
» au même foyer; il suppose que ce fut par un
» moyen semblable que Proclus brûla la flotte de
» Vitalien, & il invite les sçavans à perfectionner
» cette expérience.

ARDENS. 141

238. La description du miroir d'Archimède par Tzetzès est en effet bien propre à faire naître l'idée qu'en eut Kircher. Cet Auteur dit qu'*Archimède brûla les vaisseaux de Marcellus, à l'aide d'un miroir ardent, composé de petits miroirs quadrangulaires, lesquels se mouvoient en tous sens sur des charnières, & qui, exposés aux rayons du soleil* (a) *& dirigés vers les vaisseaux Romains, les réduisirent en cendres à la portée d'un trait d'arbalète.* Monsieur de Buffon a

décrits par Tzetzès.

(a) Ως μάρκελλος δ'απίεσησι βολώ εκείνας τέξε,
Εξάγων όντι κάτοπτρον ετέκτηνεν ο γέρων.
Από j διαστήματος συμμέτρου τ͂ κατόπτρου.
Μικρὰ τοιαῦτα κάτοπτρα θεὶς τετραπλαγωνίαις,
Κινούμενα λεπίσι τε καὶ τισι γυγλυμίοις,
Μέσον εκείνο τίθεικεν ακτίνων τῶν ἡλίου,
Μισημβρινῆς, καὶ θερινῆς, καὶ χειμεριωτάτης.
Ανακλωμένων λοιπὸν εις τοῦτο τῶν ακτίνων,
Εξαψις ήρθη φοβερὰ πυρώδης ταῖς ολκάσι.
Καὶ ταύτας απτέφρωσεν εκ μήκυς τοξοβόλου.

Cùm autem Marcellus removisset illas ad jactum arcûs,
Educens quod speculum fabricavit senex:
A distantiâ autem commensurati speculi,
Parva hujusmodi specilla cùm posuisset, quadruplangulis

probablement profité de cette description pour la construction de son miroir ardent, composé de 400 petits miroirs plans, lequel produit une chaleur assez considérable pour allumer du bois à plus de cent cinquante pieds de distance.

Témoignages de Lucien, de Galien & de Zonare.

239. Cette description de Tzetzès suffit pour démontrer la possibilité du fait, lequel est attesté d'ailleurs par un si grand nombre d'Auteurs, qu'il y auroit de l'opiniâtreté à refuser de se rendre à leurs témoignages. Lucien dit de plus, qu'*Archimède (a), au siége de Syracuse, avoit par*

Quæ movebantur squamis, & quibusdam sculpturis,
Medium illud posuit radiorum solis,
Australis, & æstualis, & hyemalis :
Refractis deinceps in hoc radiis,
Exarsio sublata est formidabilis ignita navibus.
Et has in cinerem redegit longitudine arcûs jactûs.

Joannis Tzetzæ, Histor. Chilias. III. p. 292. *in Poet. Gr. veteres. De Archimede, & quibusdam ejus machinis.*

(a) Τὰς τῶν πολεμίων τριήρεις καταφλέξαι τῇ τέχνῃ. Archimedes singulari artificio hostium triremes absumpsit incendio. *Luciani Hippias*, p. 846.

ARDENS. 143

un artifice singulier réduit en cendres les vaisseaux des Romains ; & Galien dit qu'*il avoit brûlé les vaisseaux des ennemis de Syracuse avec des miroirs ardens* (a). Zonare parle aussi des miroirs d'Archimède, en faisant mention de ceux de Proclus, qu'*il dit avoir brûlé la flotte de Vitalien au siége de Constantinople ; à l'imitation d'Archimède, qui avoit brûlé la flotte des Romains au siége de Syracuse* (b).

(a) Οὕτω δ' ἴκως, οἶμαι, καὶ τὸν Ἀρχιμήδην φασὶ διὰ τῶν πυρίων ἐμπρῆσαι τὰς τῶν πολεμίων τριήρεις. Hoc modo aiunt & Archimedem hostium triremes urentibus speculis incendisse. *Galenus de Temperamentis*, Lib. 3, cap. 2.

(b) Ἀντικατέστη Ἴσπερ διὰ Μαρίνου τοῦ Ἐπάρχου ὁ Ἀνασάσιος, καὶ ναυμαχίας γενομένης ἔκ τινος μηχανῆς παρὰ Πρόκλου τοῦ πάνυ μηχανικωτάτης (τότε γὰρ ἤνθει καὶ ἐπὶ φιλοσοφίᾳ, καὶ ἐν τοῖς μηχανήμασι, τὰ τε τοῦ ἐν τύποις περιβοήτου Ἀρχιμήδους ἅπαντα διελθὼν, καὶ αὐτὸς ἐκείνοις προσεξευρὼν) τὸ ναυτικὸν τῶν πολεμίων κατεπολεμήθη. Κάτοπτρα γὰρ ἄδητα χαλκεύσας προφέρει ὁ Πρόκλος, καὶ ἐκ τοῦ τείχους ταῦτα ἀπαιωρήσας κατέναντι τῶν πολεμίων νεῶν, τύποις τῶν ἡλιακῶν ἀκτίνων προσβαλουσῶν πῦρ ἐκεῖθεν ἐκπυρσευθῆναι καταφλέγον τὴν νήσων τῶν ἐναντίων στρατὸν, καὶ τὰς νῆας αὐτὰς, ὁ πάλαι τὸν Ἀρχιμήδην ἐπι-

Témoignage d'Eustathius. Expériences de Kircher & de M. de Buffon.

240. Euſtathius, dans ſon Commentaire dè l'Iliade, dit qu'*Archimède, par une invention de Catoptrique, avoit brûlé la flotte des Romains à la diſtance d'un trait d'arbaléte* (a); de ſorte qu'il n'y a preſque pas de fait dans l'Hiſtoire qui ſoit garanti par

---

νοῆται ὁ Δίων ἱςόρησε, τῶν Ρωμαίων τότε πολιορκούντων Συράκυσαν.

Huic Anaſtaſius Imperator, per Marianum præfectum reſtitit, navalique pugnâ commiſsâ, ex machinâ quâdam à Proclo viro excellentiſſimo factâ, (is enim tùm & in Philoſophiâ, & in Mechanicis florebat, neque Archimedis duntaxat celeberrimi artificis cognôrat omnia, ſed & ipſe nova quædam adinvenerat) claſſis hoſtium debellata eſt. Nam ſpecula ex ære fabricaſſe hiſtoriâ fertur Proclus, eaque de muro è regione hoſtilium navium ſuſpendiſſe : in quæ cùm ſolares radii impegiſſent, ignem indè fulminis inſtar erumpentem, claſſiarios, ipſaſque naves hoſtium combuſſiſſe, quod olim Archimedem excogitaſſe, Romanis Syracuſas obſidentibus, Dion refert. *Ex Zonaræ annalibus, tom. 2, p. 44.*

(a) Καταπίρικήν τινα ἐπίνοιαν μηχανησάμενος Ἀρχιμήδης μὲν ὁ σοφώτατος πολεμικὰς ἐνεπρήσε νῆας, ὡς οἷα τις κεραυνόβολος. *Euſtathius ad Iliad : p. 488. Fabric. Bibl. Gr. tom. 2. p. 552.*

des témoignages plus authentiques, & qu'il seroit difficile de ne pas se rendre à leur évidence, quand même nous ne pourrions pas comprendre quel art Archimède auroit employé pour la construction de ces miroirs; or depuis que les expériences du Pere Kircher & de M. de Buffon (*a*), ont fait voir qu'il n'y avoit rien de plus aisé à mettre en exécution que ces mêmes miroirs dont on avoit prétendu prouver l'impossibilité, que doit-on penser du génie de celui dont les inventions passent, dans leur description même, la conception des plus célèbres Mathématiciens de nos jours, lesquels croient avoir beaucoup fait, quand ils ont pu s'élever jusqu'à copier les essais de ces grands maîtres, dont ils ne veulent pas se reconnoître pour disciples ?

241. Il paroît encore que les Anciens connoissoient les miroirs ardens de verre, qui brûlent par réfraction. Car on trouve un passage dans la Comédie des Nuées d'Aristophane, qui traite clairement des effets

<small>Miroir ardent par réfraction, décrit dans Aristophane.</small>

(*a*) *Mémoires de l'Académie des Sciences*, ann. 1746. 1747, p. 9¹, 92.

de ces deux verres; l'auteur introduit Socrate interrogeant Strépiſiade ſur le moyen qu'il ſe flatte d'avoir trouvé pour être déſormais diſpenſé de payer ſes dettes; & celui-ci lui répond qu'*il a trouvé un verre ardent (a), dont on ſe ſert pour allumer le feu; & que ſi on lui apporte une aſſignation (b), pour payer, il préſentera auſſi-tôt ſon verre au ſoleil, à quelque diſtance de l'aſſignation, & y mettra ainſi le feu (c)*: par où l'on voit qu'il s'agiſſoit ici d'un verre qui brûloit à quelque diſtance, & qui ne pouvoit être qu'un verre lenticulaire.

(*a*) *Ariſtophanes in Nubibus*, act. 2, ſc. 1. v. 140. Τὴν ὕαλον (*vitrum*) ἀφ' ἧ τὸ πῦρ ἅπτουσι; undè ignem accendunt.

(*b*) Δίκην, *i. e. ſententiam*.

(*c*) Ἀπωτέρω γὰς ὧδε πρὸς τὸν ἥλιον τὰ γράμματ' ἐκ τήξαιμι τῆς ἐμῆς δίκης..... Ego procul ſtans, ad hunc modum, ad ſolem, vitro delevero literas intentæ mihi dicæ (*ſententia*). *ibid.*

CHAPITRE X.

De plusieurs découvertes des Anciens dans les Mathématiques, l'Astronomie, &c.

242. On écriroit un gros livre de l'histoire de toutes les découvertes importantes dans la géométrie, les mathématiques & la philosophie dont nous sommes redevables aux Anciens ; aussi pour ne pas grossir ce volume, nous nous contenterons seulement d'indiquer ici en peu de mots les principales, sur lesquelles nous jugeons inutile de nous arrêter autant que nous avons fait sur les autres ; d'autant plus que celles-ci sont reconnues généralement devoir leur origine aux philosophes de l'Antiquité à qui nous les rapportons.

Découvertes des Anciens dans les Mathématiques trop longues à énumérer.

243. Tous les sçavans conviennent que Thalès a été le premier, dont nous ayons connoissance, qui ait prédit les éclipses ; enseigné *l'usage de la petite ourse* ou de *l'étoile polaire* ; *la rondeur de la terre & l'obliquité de l'écliptique* ; il n'a pas été moins

Ce que cette science doit à Thalès ;

utile à la géométrie qu'à l'astronomie ; il instruisit dans cette science les Egyptiens mêmes, chez qui il étoit allé pour prendre des leçons ; il leur enseigna *à mesurer les pyramides par le moyen de leur ombre ; & à déterminer les hauteurs & les distances inaccessibles, par les rapports des côtés des triangles* ; il démontra diverses propriétés du cercle, & entre autres une, suivant laquelle *tous les triangles qui ont pour base le diamètre d'un cercle, & dont l'angle opposé atteint la circonférence, ont cet angle droit*; enfin il enseigna plusieurs autres belles vérités, trop longues à décrire, sur lesquelles le lecteur, qui souhaitera de les mieux connoître, pourra consulter les Auteurs cités ci-dessous (*a*). Nous devons aussi à Anaximandre, successeur de Thalès, *l'invention de la sphère armillaire & des gnomons ou cadrans solaires*; & c'est aussi lui qui *a*

(*a*) *Diogenes Laertius in Thaletem, Lib.* 1. *Sect.* 24... *Plutarch. de Placitis Philosoph... Apulejus Florid. Lib.* 4... *Proclus in Euclid. Lib.* 2. *comm.* 14. *ibid. L.* 1. *prop.* 5. *L.* 3. *com.* 9 & 19... *Proclus, L.* 3. *com.* 31.

dreſſé le premier des Cartes Géographiques (a).

244. Pythagore nous a déja fourni plu- à Pythagore; ſieurs exemples de la profondeur de ſon ſçavoir dans toutes les ſciences. Il y a eu peu de philoſophes dans l'Antiquité qui aient eu autant de ſagacité & de profondeur de génie ; il donna le premier des règles certaines & fondamentales à la muſique qu'il détermina par l'effet d'une ſagacité admirable. Frappé de la différence des ſons que rendoient les marteaux d'un forgeron, qui s'accordoient aux intervalles de quarte, de quinte & d'octave (b), il conclut que cela venoit de la différence des poids des marteaux, qu'il peſa, pour s'en mieux éclaircir; & il vit que ſa ſuppoſition étoit juſte. Là-deſſus il tendit des cordes de longueurs égales, par des poids, dans les proportions du poids de ces mar-

---

(a) *Laertius, L. 2. Sect. 1.. Plinius, L. 2, c. 8.. Strabo, Geog. L. 1 ad finem... Apollonius de Rhodes. Argon. Lib. 4, c. 278.*

(b) *Jamblic. vit. Pythagor. pag. 111, c. 25... Theon Smyrn... Cenſorinus de die Natali, cap. 10. Macrob. in ſomn. Scipionis, c. 2.*

teaux, & il trouva qu'elles rendoient des sons dans les mêmes intervalles de ceux des marteaux de poids différens. D'autres veulent que son procédé ait été d'une autre manière, & qu'il ait tendu par un même poids des cordes de longueurs différentes (*a*). Quoi qu'il en soit, ce fut sur ce principe que Pythagore imagina la monocorde, instrument composé d'une seule corde, & propre à déterminer facilement les divers rapports des sons. Il découvrit aussi plusieurs belles vérités dans la Géométrie (*b*), entre autres cette propriété du triangle rectangle : *que le quarré fait sur le côté opposé à l'angle droit ou l'hypothenuse, est égal aux quarrés faits sur les deux autres côtés.*

& à Platon. 245. Platon s'appliqua aussi à l'étude des Mathématiques, & nous lui devons de très-belles découvertes dans cette scien-

---

(*a*) *Montucla, Hist. des Mathémat. tom.* 1. *pag.* 123.

(*b*) *Diogenes Laertius in Pythagoram, Lib.* 8, *Sect.* 12... *Vitruvius, Architect.* 9. 1.

ce (*a*) : il introduit le premier *la méthode analytique, ou l'analyse géométrique qui enseigne à trouver la vérité que l'on cherche dans son premier principe*. Il résolut le fameux problême de la duplication du cube (*b*), dont on fait aussi honneur à Eudoxe, à Archytas & à Ménechme, tous philosophes de son école. On lui attribue encore (*c*) *la solution du problême de la trisection de l'angle ; la découverte des sections coniques, &c.*

246. La Géométrie est aussi redevable à Hipparque des premiers élémens de la

<small>Decouvertes d'Hipparque & de Diophante.</small>

(*a*) *Laertius, Lib. 3. Sect. 24... Proclus in Euclid. L. 3... Theon Smyrnæus, L. 1 & 2.*

(*b*) *Plutarchus de ei Delph... Philoponus Commentar. in Analyt. Poster. L. 1. Valerius Maximus, Lib. 8. cap. 12... Montucla, Hist. des Mathémat. tom. 1. p. 193. 178. &c. Vid. & Laertium in vit. Archytæ de quo sic :* Primus hic Mechanica, Mechanices principiis usus, exposuit ; primusque motum organicum descriptioni Geometricæ admovit, ex dimidii cylindri sectione duas Medias secundùm proportionem sumere quærens, ad cubi duplicationem invenit, ut Plato in Lib. de Republic. testatur.

(*c*) *Montucla... Stanley.*

trigonométrie rectiligne & sphérique (a);
& nous devons à Diophante, qui vivoit
360 ans avant Jesus-Christ, l'invention de
l'algèbre (b).

Algébre connue des Anciens, suivant Wallis, Barrou, &c.

247. Que les Anciens aient posé les premiers fondemens de l'algèbre, c'est une vérité hors de toute dispute, & affirmée positivement par le célèbre Wallis dans son histoire de cette science (c). Il dit qu'il

---

(a) *Theon. Smyrnæus, Comment. in Alm. Lib.* 1, cap. 9.

(b) *Abulpharage, Historiâ Dynasticâ .. Diophantes, Quastion. Arithmetic. def.* 11. *Voyez la note* (a) *Sect.* 223.

(c) Mihi quidem extra omne dubium est veteribus cognitam fuisse, & usu comprobatam istiusmodi artem aliquam investigandi qualis est ea quam nos algebram dicimus. Indèque derivatas esse apud eos conspiciuntur prolixiores & intricatæ satis demonstrationes.... & Barrovius noster Dissertationem hàbuit de Archimedis methodo investigandi; ubi concludit algebram jam tùm fuisse in usum receptam, &c. *Wallisii oper. tom.* 2, *p.* 3, *de Algebrâ tractat. cap.* 2.

Vid. & Libel. Archimed. de Dimens. circ. Wallis. oper. tom. 3. *pag.* 539. 544. *& notas in Arenarium, tom.* 2. *pag.* 537, *col.* 1. *addo etiam hoc*

ne fait aucun doute que l'algèbre n'ait été connue des Anciens, & qu'ils ne tirassent de-là les démonstrations prolixes & difficiles que nous trouvons souvent dans leurs ouvrages ; il appuie son opinion des témoignages de Schoten, d'Oughtred (*a*), & de Barrou ; & cite un manuscrit de la Bibliothèque Saviliene qui traite de cette science, & porte le nom d'Apollonius. Le même Auteur pense que les Anciens cachoient avec soin une méthode qui leur fournissoit les démonstrations les plus belles & les plus difficiles, & qu'ils se contentoient de prouver leurs propositions par des démonstrations plutôt que de cou-

---

ipso de Arenæ numero *tractatu non modò Hypothesin Aristarchi Samii* nobis conservatam esse (quæ secùs fortè periisset planè) quam per multa sæcula sepultam, Copernici tandem operâ redivivam, jam tota fere amplectitur mathematicorum cohors. Sed & *fundamina* saltem hîc habemus posita istius numerandi artis seu potiùs numeros notandi quam Cifris *Saracenis*, seu rectiùs Indicis, jam exercemus.

(*a*) *Vid. Oughtred. Præfat. ad Clavem Mathematicam.*

rir le risque de déceler la méthode directe par laquelle ils avoient trouvé ces démonstrations (a). Nuñes est de la même opinion, & dans son histoire de l'algèbre il regrette que les Anciens nous aient caché la méthode dont ils faisoient usage, & dit : » qu'il ne faut pas penser que la plû- » part des propositions d'Euclide & d'Ar- » chimède aient été trouvées par ces grands » hommes de la même manière qu'ils nous » les ont transmises eux-mêmes (b).

Leur méthode, semblable à notre algèbre, perçoit cependant à travers leurs recherches & leurs découvertes ; on en voit des traces

---

(a) Hanc autem artem investigandi veteres occuluerunt sedulò ; contenti per demonstrationes apagogicas (ad absurdum seu impossibile ducentes, si quod asserunt negetur) assensum cogere : potiùs quàm directam methodum indicare quâ fuerint inventæ propositiones illæ quas ipsi aliter & per ambages demonstrant. *Wallis. loc. citat.*

(b) Nuñes, *seu Nonius in algebrâ suâ Hispanicè editâ; Antwerpiæ, anno* 1567. *fol. p.* 114. 6. Neque putandum est plurimas Euclidis & Archimedis propositiones fuisse ab illis eâ viâ inventas, quâ nobis illi ipsas tradiderunt.

assez marquées dans le 13e. Livre d'Euclide, sur-tout si l'on fait usage du texte grec ou de l'ancienne traduction latine, & quoique Wallis conjecture que ces traces de l'algèbre pourroient bien être de Théon ou de quelqu'autre scholiaste, l'antiquité de l'origine de cette science est toujours la même ; & on la fait encore remonter plus haut, en suivant la pensée de quelques habiles Mathématiciens parmi les Anciens(*a*), qui en font Platon le premier inventeur, (Sect. 245). Si l'on entre dans un examen plus particulier de cette assertion, on trouvera encore le même Wallis, qui sert de guide & d'autorité ; & il seroit déraisonnable de refuser d'acquiescer au sentiment d'un homme qui a si bien éclairci cette matière, & à qui l'algèbre de nos jours doit les premiers & les plus grands efforts vers l'état de perfection dans lequel elle se trouve. Or selon cet habile Géomètre, la méthode des *series infinies* tire son origine

Méthode des indivisibles la même que la méthode des exhaustions.

(*a*) *Wallis. tom. 2, p. 2. Theo, Lib. 13. Prop. Euclid. in princip. Pappus in collectan. Lib. 7, sub initium.*

de l'*Arithmétique des infinis* qu'il publia en 1656 ; & il reconnoît lui-même que ces deux méthodes ont pour fondement la *méthode des exhaustions* des Anciens (*a*). Il avance de plus que la *méthode des indivisibles* introduite par Cavallieri n'est autre chose que cette même *méthode des exhaustions* réduite à une manière plus abrégée, à la vérité, mais aussi plus obscure ; ce qu'il prouve ensuite par un exposé analytique de ces différentes méthodes (*b*). Quant à

(*a*) Speculatio hæc (seriarum iufinitarum) originem duxit à meâ infinitorum arithmeticâ...... Præmittendum aliquid de methodo exhaustionum *quâ nituntur*, methodoque indivisibilium à Cavallerio introductâ quæ non alia est quàm exhaustionum methodus compendiosior. *Wallis. opera. tom. 2, cap. 73. Hist. Algebra, p. 305. Vid. & p. 308. lin. 35 & totum caput.*

(*b*) Methodus exhaustionum (per continuam inscriptionem & circumscriptionem figurarum, donec earum inter se differentia evadat quâvis assignabili minor) est aliquandò deformata in eâ quæ dici solet Geometria indivisibilium, seu methodus indivisibilium, à Cavallerio primitùs introducta, *estque hæc, reapsè, non alia ab antiquiori exhaustionum methodo, eodem nixa fundamento*, & indè

ce que cette dernière a de commun avec les recherches fur la quadrature du cercle, on peut voir ce qui en a déja été dit (*a*).

248. Outre toutes les découvertes, que nous avons lu avoir été faites par les Anciens dans l'Aftronomie, il en eft un nombre confidérable d'autres que les bornes que nous nous fommes prefcrites ne nous permettent pas d'expofer avec toute la prolixité qu'elles fembleroient devoir exiger; je ne veux cependant pas omettre de faire mention ici de l'importante obfervation d'Ariftarque (*b*), qui a donné *la premiere méthode de déterminer la diftance du foleil à la terre par la dichotomie de la lune*, qui eft

Ariftarque mefure le premier la diftance du foleil à la terre.

---

demonftrabilis; fed aliquandò deformata & obfcuriùs quidem, fed compendiofiùs tradita. *Idem*, *cap.* 74. *pag.* 311. Vid. *pag.* 313. *& c.* 75. *ad finem.*

(*a*) Chap. 7 de cette Partie. Voyez auffi Wallis, *tom.* 2, *pag.* 359 *& fuiv.* Chap. 86 & le livre d'Archimède *de Dimenf. circul.* avec le commentaire d'Euftochius à la fuite, où il parle des approximations d'Apollonius Pergæus & de Philo. *p.* 559.

(*b*) *Vitruv. Arch. Lib.* 1, *c.* 1... Montuclà, *Hift. des Mathém. tom.* 1, *p.* 228.

la section apparente de cet astre en deux, au temps de ses quadratures.

<small>Hipparque après Timée de Locres a remarqué la précession des équinoxes.</small>

249. Hipparque a aussi enrichi l'Astronomie d'une manière à rendre son nom à jamais célèbre & vénérable chez les amateurs de cette science, ayant calculé le premier des tables des mouvemens de la lune & du soleil, & dressé le premier catalogue des étoiles fixes (a). Il a aussi déterminé le premier les longitudes géographiques par des observations d'éclipses ; & ce qui fait sur-tout un honneur immortel à la sagacité de son génie, est qu'il jetta les premiers fondemens de la découverte de la précession des équinoxes, dans son livre intitulé *de retrogradatione punctorum solstitialium & æquinoctialium*. M. Bayle reproche à Rohault de » s'être abusé lorsqu'il a » dit qu'Hipparque ne connoissoit pas le » mouvement particulier des étoiles fixes » de l'occident à l'orient, qui fait varier leur » longitude « (b) ; il auroit pu avec autant de fondement avoir fait le même reproche

---

(a) *Pline*, *Hist. Nat. Lib.* 2, ch. 26.
(b) *Bayle* au mot Hipparque.

à tous les sçavans qui ont écrit sur ce sujet, sans avoir jamais remarqué, que je sçache, que Timée de Locres, qui vivoit avant Platon, avoit déja enseigné cette vérité astronomique dans des termes assez clairs (a).

(a) Τὰ ϳ τὰς τᾶ ἑτέρω ἰντὸς ἀπο ἱσπέρας, τὰ ποθ' ἔω μὰν ἐπαναφερόμενά τε, κỳ καθ' αὐτὰ κινεόμενα Ea verò quæ ad motum alterius pertinent, intrà ab occidente ad orientem revertuntur, & peculiari quodam motu moventur. *Timæus Locrensis de animâ Mundi in Editionem Platonis, Versione Serrani, tom. 3, pag. 96.*

CHAPITRE XI.

D'Archimède ; de la Mécanique des Anciens, & de leur Architecture.

<small>Mérite d'Archimède dans la Mécanique.</small> 250. Archimède seul fourniroit suffisamment de la matière pour former un volume dans le détail des découvertes merveilleuses que ce génie profond & fertile en inventions a faites ; nous avons vu, dans les Chapitres précédens (*a*), que quelques-unes de ses découvertes ont tellement paru au-dessus de la portée de l'homme, que plusieurs sçavans de nos jours ont trouvé plus facile de les révoquer en doute que d'imaginer les moyens qu'il avoit employés pour y parvenir ; nous rapporterons encore quelques preuves de la fécondité de l'esprit de cet homme célèbre, de l'excellence duquel on peut juger, par la grandeur des effets qu'il a produits. Leibnitz, qui étoit un des plus grands Mathématiciens de ce

---

(*a*) Chap. 7 & 8 *de cette Partie.*

siècle, rendoit justice au génie d'Archimède, & difoit *que ſi on avoit plus de connoiſſance des productions admirables de ce grand homme, on prodigueroit moins d'applaudiſſemens aux découvertes des plus célèbres Modernes* (a).

251. Wallis, parlant auſſi d'Archimède l'appelle (b) *un homme d'une ſagacité admirable, qui a poſé les premiers fondemens de preſque toutes les inventions que notre siècle ſe fait gloire de perfectionner.* En effet, quelles lumieres n'a-t-il pas répandues dans les Mathématiques, par ſes tentatives ſur la quadrature du cercle, ſes découvertes *de la quadrature de la parabole, des propriétés des ſpirales* (c) *; du rapport de la ſphère au*

Découvertes d'Archimède dans les Mathématiques & la Mécanique, & ſa défenſe de Syracuſe.

(a) Qui Archimedem intelliget, recentiorum ſummorum Virorum inventa parciùs mirabitur. *Leibnitii Epiſt. ad Huetium, Hannov.* 1679.

(b) Vir ſtupendæ ſagacitatis, qui prima fundamenta poſuit inventionum ferè omnium, de quibus promovendis ætas noſtra gloriatur. *Walliſii oper.*

(c) *Vid. Archimedem de dimenſione circuli.. de lineis ſpiritualibus, de quadraturâ parabolæ.*

Tome II. L

cylindre (a), & *des vrais principes de la Statique & de l'Hydroftatique* (b) ? Quelle preuve de fagacité que celle qu'il donna, en découvrant la quantité d'argent mêlée dans la couronne d'or du roi Hiéron, qu'il trouva en raifonnant fur ce principe : *que tout corps plongé dans l'eau y perd de fon poids autant que pèfe un volume d'eau égal au fien* (c) ? Il en tira cette conféquence que l'or, comme plus compact, devoit perdre moins de fon poids, l'argent perdre davantage, & une maffe mêlée d'or & d'argent perdre à proportion de ce mélange (d) ; & pefant enfuite dans l'eau & dans l'air la couronne, & deux maffes d'or & d'argent, de pefanteur égale à la couronne, il détermina ce que chacune perdoit de fon poids, & ré-

___

(a) *Archimedes de fpharis, & cylindro, libri* 2. *ad Dofitheum.*

(b) *Archimedes de æqui-ponderantibus.*

(c) *Archimedes in libro de infidentibus in fluido...* Vitruve, Architect. *l*. 9, *c*. 3. explique un peu différemment le principe de cette découverte... *Plutarch. tom.* 2 , *pag.* 1094. *Proclus in primum Euclidis, pag.* 18.

(d) *Montucla, tom.* 1. *pag.* 241, 242.

folut par-là le problême. Il imagina aussi la *vis sans fin* recommandable par sa propriété de surmonter de grandes résistances ; & la *vis* que l'on désigne encore par son nom, dont l'usage est d'élever l'eau (*a*). Il défendit lui seul la ville de Syracuse en opposant aux efforts du général Romain la seule ressource de son génie (*b*) ; il avoit fait plusieurs différentes machines de guerre, avec lesquelles il rendit l'approche de Syracuse inaccessible à l'ennemi : quelquefois il lançoit sur ses troupes de terre des pierres d'une grosseur énorme, qui en écrasoient une partie & troubloient l'ordre du reste de l'armée ; ou, s'ils s'éloignoient des murs, il sçavoit les atteindre, avec des catapultes, ou balistes, par le moyen desquelles il leur jettoit un nombre considérable de traits, ou plutôt de poutres d'un poids prodigieux ; & si leurs vaisseaux s'approchoient de la forteresse, il les saisissoit par la proue avec des poignées de fer,

---

(*a*) *Diodorus Siculus, Bibliothec. Hist. lib.* 1. *Athenæus Deipnosophist. lib.* 5.

(*b*) *Plutarch. in Marcello, pag.* 306. *tom.* 1.

qu'il faisoit agir dans l'intérieur de la forteresse, & les enlevant en l'air au grand étonnement des assistans, il les secouoit fortement & les brisoit ou couloit à fond. Les Romains croyoient-ils mettre leurs vaisseaux à l'abri de sa poursuite en les tenant plus écartés du port, il empruntoit le feu du ciel, joint à l'aide de son art, pour y porter un embrâsement soudain & inévitable, comme nous l'avons vu un peu plus haut (*a*).

<small>Etendue du génie d'Archimède & les preuves qu'il en donne.</small>

252. Ce fut cette connoissance supérieure dans les sciences, & sa confiance dans le pouvoir des Mécaniques, qui lui fit avancer cette proposition hardie au roi Hiéron, son parent, son admirateur, & son ami (*b*). *Donnez-moi un lieu, où je puisse me tenir ferme, & je remuerai la terre;* & comme le roi, frappé de ce discours, sembloit en douter, il lui donna une preuve

---

(*a*) Chapitre 8.

(*b*) Δος μοι πᾶ σῶ, και κινῶ τὴν γὴν. Da mihi ubi consistam, & movebo terram.. *Pappus, in Mechanicis; Tzetzes in Chiliadibus... Plutarch. tom.* 1, *pag.* 306. *in Marcell.*

de la possibilité de ce qu'il avoit avancé, en mettant seul à flot un vaisseau d'une grandeur prodigieuse (*a*). Il bâtit aussi pour le roi une galère immense, de vingt bancs de rameurs, laquelle avoit des appartemens spacieux, des promenades, des jardins, des étangs, & tous les autres avantages convenables & ordinaires au palais d'un grand roi (*b*); il construisit aussi une sphère qui représentoit les mouvemens des astres, que Cicéron regardoit comme une des inventions les plus propres à faire honneur à l'esprit humain (*c*); il perfectionna la manière d'augmenter les forces des machines, en multipliant les roues & les poulies, & porta enfin la Mécanique si

---

(*a*) *Tzetzes, Chiliad.* 2, *vers.* 105 *& sequent.*
(*b*) *Athenæus Deipnosophist. lib.* 5, *p.* 106.
(*c*) Jupiter in parvo cùm cerneret æthera vitro,
 Risit, & ad superos talia dicta dedit:
Hùccine mortalis progressa potentia curæ?
Jam meus in fragili luditur orbe labor.
Jura poli, rerumque fidem, legemque virorum
Ecce Syracusius transtulit arte senex,
Claudianus, Epigrammat. & Cicer. Tuscul. Lib. 1,
Sect. 98, *pag.* 117. *Edit. Steph.*

loin, que ses productions surpassent encore l'imagination (a).

Machines de guerre, & autres belles découvertes des Anciens.

253. Archimède n'a pas été le seul qui ait réussi dans la Mécanique. . . . . Les machines immenses, & d'une force étonnante, que les Anciens avoient trouvé l'art de mettre en usage dans la guerre, sont une preuve qu'ils ne nous cédoient en rien à cet égard. Nous avons encore de la peine à concevoir comment ils pouvoient faire avancer ces grosses tours ambulantes, de 152 pieds de haut, sur 60 de large ; composées de plusieurs étages ; qui avoient au bas un bélier, machine d'une puissance suffisante pour abattre des murs ; au milieu, un pont qui s'abaissoit sur les murs de la ville attaquée, afin de fournir un passage aux assiégeans dans la ville ; & au haut, cette tour contenoit une troupe, qui plus élevée que les assiégés, les harceloit, sans courir aucun risque. Enfin leur art de la guerre fournit un nom-

─────────────

(a) *Athenæus, Lib.* 5. *p.* 108... *Pappus, in Mechanicis, & Mathemat. Collect. Lib.* 8. *de problemate* 6, *propos.* 10, *pag.* 460.

bre considérable de preuves semblables, qui ne peuvent que donner l'idée la plus haute de la hardiesse du génie des Anciens, & de la vigueur avec laquelle ils mettoient leurs entreprises en exécution. L'*invention des pompes par Ctesibius* (a); & celle des *horloges à eau*, des *automates*, des *machines à vent*, des *crics*, &c. (b) par Héron, qui vivoit dans le second siècle, & les autres découvertes des Géomètres Grecs, sont en si grande quantité que les limites d'un Chapitre ne suffisent pas même pour les indiquer.

254. Si nous passons à d'autres sujets, nous trouverons également des témoignages incontestables de la grandeur du génie des Anciens, dans les entreprises hardies & vraiment merveilleuses, auxquelles il les portoit. L'Egypte & la Palestine nous en offrent encore des preuves dans les pyramides & les ruines de Palmyre & de Balbec ; l'Italie est remplie de ruines & de

<small>Autre genre de preuves.</small>

___

(a) *Vitruv. Architect. Lib.* 9, c. 9. L. 10, c. 12.
(b) *Pappus, Collect. Mathem. Lib.* 8, &c.

L iv.

monumens, qui nous aident à comprendre quelle devoit être la magnificence de fes habitans ; & l'ancienne Rome attire encore plus notre admiration que la nouvelle.

Ville de Babylone, & tour de Bélus.
255. Les plus grandes villes de l'Europe répondent à peine à l'idée que tous les Hiftoriens s'accordent à nous donner de la grandeur de la fameufe ville de Babylone (*a*), qui ayant quinze lieues de tour, étoit cependant entourée de murailles de deux cents pieds de haut, & de cinquante pieds de large ; ornée de jardins prodigieux à côté de fes murailles, & qui, de terraffe en terraffe, s'élevoient jufqu'à la hauteur de ces murs ; & on avoit auffi trouvé l'art d'élever l'eau de l'Euphrate jufqu'à la plus haute terraffe (c'eft-à-dire auffi haut que la machine de Marly) pour arrofer tous les jardins. La tour de Bélus au milieu de l'enceinte du temple, étoit auffi d'une hauteur fi exceffive, que quelques anciens Auteurs n'ont pas ofé la limi-

---

(*a*) *Strabo, Lib.* 16. *in principio, p.* 738. & 1072. *Edit. Amft. Plin. Hift. Natur. Lib.* 6. *c.* 26.

ter : quelques-uns l'ont portée jusqu'à mille pas (a).

256. Ecbatane, capitale de la Médie, étoit encore d'une grandeur prodigieuse, ayant huit lieues de tour, & étant entourée de sept murailles en forme d'amphithéâtre, dont les créneaux étoient de diverses couleurs (b), blancs, noirs, écarlate, bleus, orange, argentés & dorés. Persépolis étoit aussi une ville, dont tous les Historiens parlent comme de la plus ancienne & de la plus magnifique de toute l'Asie (c). Il reste encore les ruines d'un de ses palais, dont la façade avoit six cents pas de large, & présente encore des restes de son ancienne grandeur.

Ecbatane & Persépolis.

257. Le lac Mœris étoit aussi une preuve bien frappante de la grandeur des entreprises des Anciens (d); tous les Historiens

Lac de Mœris.

──────────

(a) *Strabo, Lib.* 16 p. 1073. B. *Edit. Amstel...* *Plin. loc. cit.*

(b) *Herodote, Liv.* 1. c. 98... *Plin. Lib.* 6. c. 14.

(c) *Diodor. Sicul. Lib.* 17. c. 71.

(d) *Pomponius Mela. Lib.* 1, c. 9... *Diodor. Sicul. Lib.* 1, Part. 2, p. 48... *Strabo, Lib.* 17, p. 1137. 1163, 1164. *Edit. Amst.*

s'accordent à lui donner plus de cent cinquante lieues de circuit : ce fut cependant l'ouvrage d'un seul roi d'Egypte qui fit creuser cette étendue immense de terrein pour y recevoir les eaux du Nil, lorsque ses inondations étoient trop considérables; ou pour arroser l'Egypte par la communication de canaux pratiqués à cet effet, lorsque le débordement de ce fleuve n'étoit pas à la hauteur nécessaire à la fécondité des terres. Du milieu de ce lac, s'élevoient deux pyramides d'environ six cents pieds de hauteur (*a*).

Pyramides d'Egypte.

258. Les autres pyramides d'Egypte surpassent tellement par leur grandeur & leur solidité tout ce que nous connoissons en édifices, que nous serions portés à douter qu'elles aient réellement existé, si elles ne subsistoient encore aujourd'hui (*b*). M. de Chezele, de l'académie des sciences, qui entreprit le voyage d'Egypte, au siècle dernier, à dessein de les mesurer, donne à un

_____

(*a*) *Pompon. Mela, & Diod. Sic. loc. cit.*

(*b*) *Plinius, Hist. Natur. L. 36. c. 12... Strabo. Lib. 17. p. 1160-65. Hist. de l'Académ. ann.* 1710.

des côtés de la base de la plus grande de ces pyramides six cent soixante pieds de longueur, laquelle est réduite par son inclinaison à la hauteur perpendiculaire de quatre cent soixante & six de hauteur ; les pierres de taille, dont elle est composée, sont chacune de trente pieds de long, & on ne conçoit pas comment les Egyptiens avoient trouvé le moyen d'élever des masses aussi pesantes à des hauteurs si prodigieuses.

259. Le colosse de Rhodes étoit encore une autre production merveilleuse des Anciens ; il suffit, pour donner une idée de son énorme grosseur, de dire que ses doigts étoient aussi gros que des statues, & que peu de personnes pouvoient embrasser son pouce (a).

<small>Colosse de Rhodes.</small>

(a) *Plin. Liv.* 34. *chap.* 7... *Diodore de Sicile*, *Liv.* 2, rapportent ″que Sémiramis fit tailler la ″ montagne de Bagistanes entre Babylone & la ″ Médie, & en fit faire sa statue qui étoit de dix-″ sept stades (plus d'une demi-lieue de France) de ″ hauteur, & laquelle étoit environnée de cent au-″ tres statues proportionnées à celle-ci, quoique ″ moins grandes. *Et Plutarque*, *tom.* 2. *pag.* 335,

Autres monumens remarquables.

260. Enfin, que dirons-nous des autres édifices qui nous reftent des Anciens ? de leur ciment, dont la dureté égale celle du marbre même ? de la folidité de leurs chemins, dont quelques-uns étoient pavés de grands carreaux de marbre noir ; & de leurs ponts, dont quelques-uns fubfiftent encore comme des monumens irrecufables de leur grandeur ? Le pont du Gard, à trois lieues de Nîmes, eft un de ces monumens : il fert à la fois de pont & d'aqueduc ; il traverfe la riviere du Gardon, & fait la jonction de deux montagnes, entre lefquelles il eft renfermé, & il a trois étages, dont le troifième fervoit d'aqueduc, pour conduire les eaux de l'Eure jufques à un

────────────────────────

» parle de l'entreprife bien vafte d'un certain Hafi-
» crates, qui propofa à Alexandre de faire fa fta-
» tue du mont Athos, qui a cent cinquante milles
» de tour, & environ dix milles de hauteur ; & fon
» deffein étoit de faire tenir dans la main gauche
» de cette ftatue une ville affez grande pour conte-
» nir dix mille habitans, & dans l'autre main une
» urne, d'où fortiroit un fleuve qu'elle verferoit
» dans la mer... *Voyez auffi le même Plutarque,*
tom. 1, pag. 705. à Vie d'Alexandre....

grand réservoir, d'où elles se répandoient dans l'amphithéâtre & la ville de Nîmes. Le pont d'Alcantara, sur le Tage, est encore un ouvrage bien propre à donner une grande idée de la magnificence Romaine ; il a six cent soixante & dix pieds de long, & est composé de dix arches, dont chacune a quatre-vingts pieds, d'une pile à l'autre ; & sa hauteur depuis la surface de l'eau est de deux cents pieds. Enfin on voit encore les débris du pont de Trajan sur le Danube, qui avoit vingt piles de pierres de taille, dont quelques-unes subsistent encore, hautes de cent cinquante pieds, larges de soixante, & éloignées les unes des autres de cent soixante & dix. Je n'aurois jamais fini, si j'entreprenois de faire l'énumération des monumens admirables que nous ont laissé les Anciens ; l'esquisse légere que je viens d'en faire est plus que suffisante pour le but que je me propose.

261. Si nous admirons les Anciens dans les monumens qui nous restent de leurs grandes entreprises, nous n'avons pas moins occasion de les admirer dans la dex-

Habileté des Anciens dans l'exécution de petits ouvrages.

térité & l'habileté merveilleuse de leurs Artistes dans des entreprises d'une espèce toute opposée. Leurs travaux en petit méritent aussi notre attention ; Archytas, qui vivoit du temps de Platon, est célèbre dans l'Antiquité par *sa colombe artificielle de bois, qui imitoit le vol d'une colombe vivante* (a). Cicéron, suivant le rapport de Pline, avoit vu *toute l'Iliade d'Homère écrite d'un caractère si fin, qu'elle pouvoit être contenue dans une coque de noix* (b) ; & Elien parle d'un certain Mymécides, Milésien, & de Callicrate, Lacédémonien, dont le premier avoit fait *un chariot d'ivoire, si petit & si*

___

(a) Ἀρχύτας Ταραντῖνος Φιλόσοφος ἅμα καὶ μηχανικὸς ὢν ἐποίησε περιστερὰν ξυλίνην πετομένην, ἥτις εἴποτε καθίσειεν, οὐκέτι ἀνίστατο. Libet Favorini verba ponere : Archytas Tarentinus, Philosophus simul & Mechanicus, fabricavit Columbam ligneam volantem, quæ si aliquandò consideret, ampliùs non exurgebat. *A. Gellius, Lib.* 10. *cap.* 12. » Archytas étoit » du temps de Platon, puisqu'ils s'écrivoient. Voy. *Diog. Laert. Liv. 8, Sect.* 80.

(b) In nuce inclusam Iliada Homeri carmen in membranâ scriptum tradidit Cicero. *Plin. Hist. Natural. Lib.* 7, *cap.* 21.

délicatement travaillé, qu'une mouche pouvoit le couvrir de ses aîles, ainsi qu'un petit vaisseau d'ivoire de la même grandeur; & Callicrate faisoit des fourmis & autres petits animaux d'ivoire, si extrêmement petits, que l'on pouvoit à peine en discerner les parties (*a*). Elien dit aussi dans le même endroit qu'un de ces Artistes écrivoit en lettres d'or un distique qu'il faisoit tenir dans l'enveloppe d'un grain de bled.

262. Il me semble qu'il seroit assez inutile d'entreprendre de faire voir que les Anciens ont eu la prééminence sur les Modernes dans l'Architecture, la Gravure (*b*),

On convient assez de la supériorité des Anciens dans ce qui regarde les beaux arts & l'éloquence.

(*a*) Ταῦτα ἄρα ἐστὶ τὰ θαυμαζόμενα Μυρμηκίδου τοῦ Μιλησίου, καὶ Καλλικράτους τοῦ Λακεδαιμονίου, τὰ μικρὰ ἔργα. τέθριππα μὲν ἐποίησαν ὑπὸ μυίας καλυπτόμενα, καὶ ἐν σησάμῳ δίστιχον ἐλεγεῖον χρυσοῖς γράμμασιν ἐπέγραψαν. Hæc sunt opera Myrmecidæ Milesii, & Callicratis Lacedæmonii, quæ propter nimiam exilitatem in admiratione habentur. Quadrigas fecerunt, quæ sub muscâ possent abscondi, & in sesamo distichon elegeum literis aureis inscripserunt. *Ælianus, variis Hist. Lib.* 1, *cap.* 17.

(*b*) ” Nos Graveurs n'approchent point encore
” de la beauté des gravures des anciens Artistes,

la Sculpture, la Médecine, la Poësie, l'Éloquence, l'Histoire, &c. Il ne paroît pas jusqu'ici que les Modernes veuillent la leur disputer. Au contraire, toute leur ambition se borne à les suivre & les imiter dans ces branches de sçavoir; & en effet, jusqu'à ce que nous ayons produit des poëtes qui puissent être comparés à Homère, Horace & Virgile; des Orateurs qui marchent d'un pas égal avec Démosthène & Cicéron; des Historiens, tels que Thucydide, Xénophon, Tacite & Tite-Live; des Médecins comme Hippocrate & Galien; des Sculpteurs semblables à Phidias, Polyclete & Praxytele; des Architectes qui élèvent des édifices tels que ceux dont les ruines font encore le sujet de notre admiration; jusqu'à ce que nous ayons, dis-je, des hommes que nous puissions comparer aux Anciens sur ces points, nous aurons assez de modestie pour leur accorder la supériorité à cet égard.

" dont il nous reste les pierres fines si recherchées
" pour la beauté & la finesse de l'exécution.

Fin de la troisième Partie.

QUATRIÈME

QUATRIÉME PARTIE.

De Dieu et de l'Ame; du Temps, de l'Espace; de la formation du Monde, et de la Création de la Matière; et Conclusion.

QUATRIEME PARTIE.

CHAPITRE PREMIER.
DE DIEU.

263. Les plus célèbres philosophes parmi les Anciens ont eu des idées très-saines d'un Être suprême : si quelques-uns en ont nié l'existence, c'étoit parce que, sentant les absurdités qui naissoient du dogme de la pluralité des Dieux, ils se croyoient obligés à s'opposer à ses progrès. Mais ils ne travailloient à détruire une doctrine aussi injurieuse à la Divinité que pour mieux établir celle qu'ils enseignoient sur la nature d'un Être éternel (a), incorpo-

Les Anciens ont eu des idées saines de la Divinité.

___

(a) Πολλὰ μαλ᾽ ὡς ἀγένητον ἰὸν, κỳ ἀνώλεθρόν ἐστιν,
Οὖλον μουνογενές τε, κỳ ἀτρεμὲς, ἠδ᾽ ἀγένητον.

Est is & ingenitus, nec in illum mors cadit ulla,
Unigena est, totusque, & semper, firmus, & ortûs
Expers. *Parmenides, in sophistâ Platonis apud Clem. Alex. V. strom. p.* 603.

rel (*a*), se suffisant à lui-même (*b*), parfaitement bon (*c*), infini (*d*), immua-

---

Dii semper fuerunt, & nati nunquàm sunt, siquidem æterni sunt futuri. *Cic. 1 de Nat. Deor. Sect.* 123. *pag.* 196. *Voy. Clem. Alex. loc. cit. & seq.*

Πρεσβύτατον τῶν ὄντων, Θεός· ἀγέννητον γάρ. Antiquissimum eorum omnium, quæ sunt, Deus; ingenitus enim. *Dicebat Thales in Laert. Lib.* 1, *Sect.* 35.
(*a*) Εἷς Θεὸς ἔν τε θεοῖσι κỳ ἀνθρώποισι μέγιστος,
Ο'ύ τι δέμας θνητοῖσιν ὁμοίιος, ἐδὲ νόημα.

Maximus in genere & Divûm, atque hominum
    Deus unus;
Qui nec corpore, nec mente est mortalibus ullis
    Assimilis. *Xenophan. ap. Clement. V. Strom. pag.* 601.

(*b*) Ἀπροσδεὴς ἁπλῶς ὁ Θεός. Nullius indiget Deus. *Plutarch. in Catone maj. fin. p.* 354. *F.*

Omnis enim per se divûm natura necesse est
Immortali ævo summâ cum pace fruatur,
Semota à nostris rebus, sejunctaque longè.
Nam privata dolore omni, privata periclis,
Ipsa suis pollens opibus, nihil indiga nostris.
                      Lucr. Lib. 1, *v.* 57.

(*c*) Ἀγαθὸς ὅγε Θεὸς τῷ ὄντι τε, κỳ λεκτέον ὅτω. Bonus ipse Deus reverà est, & ita dicendum. *Plato* 11. *de Rep. p.* 379. *B. & in Timæo.*

(*d*) De Deo dicit Poëta Agrigentinus *Empedocles* apud *Clem. Alex. Lib.* 5, *Strom. p.* 587.

ble (*a*), immobile (*b*), impaſſible (*c*), immortel (*d*), ineffable (*e*), omniſcient (*f*),

Οὐκ ἔστιν πελάσασθαι ἐν ὀφθαλμοῖσιν ἐφικτὸν
Ἡμετέροις, ἢ χερσὶ λαβεῖν, ᾗπέρ τε μεγίστη
Πειθοῦς ἀνθρώποισιν ἀμαξιτὸς εἰς φρένα πίπτει.

Illum non oculis noſtris apprendere fas eſt,
Aut manibus : via, quæ reverà eſt maxima, mentes
Ut credant hominum, quæ non deducere poſſit.

(*a*) Ἀδύνατον καὶ θεῷ ἐθέλειν αὐτὸν ἀλλοιεῖν. Impoſſibile Deum mutare ſe velle, &c. *Plato II. de Rep.* p. 381. C.

(*b*) *Plato in Parmenid. tom.* 3, *p.* 138. vocat Deum ſive unum immobilem, ἀκίνητον. 139. A. *Jamblicus de Myſteriis*, *p.* 15. *Edit. Tornaſium-Alcinoüs in Platonem* ἐνεργεῖ ᾗ ἀκίνητος αὐτὸς ὤν.

(*c*) Δόγμα μὲν τῶν φιλοσόφων, ἀπαθὲς εἶναι τὸ θεῖον. Philoſophorum dogma eſt, nullis paſſionibus obnoxium eſſe Deum. *Sext. Empir. I. Pyrrh. Hypoth. Sect.* 225. *Plato in Epimonide*, *p.* 985. A. B.

(*d*) Xenophanes Ægyptiis præcipiebat, ſi Oſirin mortalem crederent, ne eum colerent; ſi Deum, ne deplorarent. *Plutarch. in Amatorio*, *p.* 763. D. *tom.* 2.

(*e*) Illum quidem quaſi parentem hujus univerſitatis invenire, difficile ; & cùm jam inveneris, indicare in vulgus, nefas. *Plato in Timæo. tom.* 3. *pag.* 28.

(*f*) Eſt profectò Deus, qui quæ nos gerimus, au-

auteur du bien (*a*) ; le principe, la cause & la fin de tout ce qui existe (*b*) ; dominant (*c*), gouvernant ce monde qu'il a créé (*d*) ; enfin, tout-puissant (*e*), & heureux (*f*).

---

ditque, & videt. *Plautus captiv.* 11. 2. 62.

Ἔστι μέγας ἐν οὐρανῷ
Ζεὺς, ὃς ἐφορᾷ πάντα καὶ κρατύνει.

Est magnus in cœlo
Jupiter, qui intuetur omnia, & gubernat.

Sophocl. in Electrâ. v. 174.

(*a*) Nam cùm constituisset Deus bonis omnibus explere mundum, mali nihil admiscere, quidquid erat, quod in cernendi sensum caderet, id sibi assumpsit... fas autem nec est, nec unquàm fuit quicquam nisi pulcherrimum facere cum, qui sit optimus. *Plato in Timæo*, p. 30. A. B.

(*b*) *Arist. Metaph. L. 2, c. 2... Plato in Timæo... Procius, Theol. Platonis, L. 3. cap.* 21.

(*c*) *Theognydis, v.* 373 *& seq. Maxim. Tyr. diss.* 1, *pag.* 5.

(*d*) *Horatius, Lib. 1, Carm. od. 12. v. 13... Oppianus de Piscat. Lib.* 2, *v.* 3.

(*e*) Facile est omnia posse Deo. *Ovid. I. de arte*, *v.* 564.

Immensa est, finemque potentia cœli
Non habet, & quidquid superi voluêre per-
actum est. *Idem*, VIII. *Metamorph. v.*620.

(*f*) *Aristot. de Cælo, Lib.* 1, *cap.* 9.

264. Ce seroit une entreprise aussi difficile que superflue de vouloir rapporter ici tous les passages des Anciens qui prouvent ces vérités ; je me contenterai d'en avoir indiqué le plus grand nombre avec exactitude, & de mettre seulement ici sous les yeux du lecteur quelques-uns des plus frappans.

Impossible de rapporter tout ce qu'ils ont dit sur ce sujet de raisonnable.

265. Cicéron croyoit fermement (*a*), qu'il n'y avoit pas de nation si barbare & si sauvage qui n'eût quelque connoissance de Dieu : il dit que plusieurs en avoient une idée injurieuse, à la vérité, par le vice de leur éducation ; mais que cependant toutes s'accordoient à reconnoître une

Sentiment de Cicéron sur l'existence de Dieu;

(*a*) Ut porrò firmissimum hoc afferri videtur, cur Deos esse credamus, quòd nulla gens tam fera, nemo omnium tam sit immanis, cujus mentem non imbuerit Deorum opinio. Multi de Diis prava sentiunt : id enim vitioso more effici solet ; omnes tamen esse vim, & naturam divinam censent. Nec verò id collocutio hominum, aut consensus efficit, non institutis opinio est confirmata, non legibus. Omni autem in re consensio omnium gentium lex naturæ putanda est. *Cicer. Tuscul.* 1, pag. 112.

Divinité : il remarquoit de plus que cette opinion n'étoit point la suite d'un arrangement pris entre les hommes, après des conférences là-dessus; que ce n'étoit point une opinion fondée sur le consentement universel de toutes les nations : & dans un autre endroit il dit qu'il n'y avoit point de peuple si féroce & si barbare, qui ne reconnût la nécessité d'admettre un Dieu, quoiqu'il ignorât quel il étoit, & comment il convenoit de le servir (*a*).

De Sénèque; 266. Sénèque, afin de prouver l'existence d'un Dieu, formoit un argument tiré de l'opinion empreinte chez tous les hommes de cette existence ; & disoit qu'*il ne s'étoit jamais trouvé de nation assez dépravée & perdue pour refuser d'admettre l'existence des Dieux* (*b*).

(*a*) Ipsisque in hominibus nulla gens est, neque tam immansueta, neque tam fera, quæ non etiam si ignoret qualem habere Deum deceat, tamen habendum sciat. *Idem, de leg. L. 1, p. 315.*

(*b*) Apud nos veritatis argumentum est aliquid omnibus videri tanquàm Deos esse, inter alia sic colligimus, quòd omnibus de Diis opinio insita

267. Socrate enseignoit dans Phædon, non-seulement que Dieu étoit bon (a), mais qu'il étoit la bonté même ; *qu'il n'étoit sujet à aucun changement ; toujours un, toujours égal, & ne pouvoit souffrir aucune altération.*

268. Socrate & Platon (b) disoient que Dieu étoit un ; sans commencement, spi-

De Socrate sur les attributs de Dieu.

De Socrate, Platon & Théodoret sur les attributs.

---

est, nec ulla gens usquàm est adeò extra leges, moresque projecta, ut non aliquos Deos credat. Senec. Epist. 117. p. 494.

(a) Ἀυτὸ τὸ ἴσον, αὐτὸ τὸ καλὸν, αὐτὸ ἕκαστον, ὃ ἔστι τὸ ὂν μήποτε μεταβολὴν κỳ ἡντινοῦν ἐνδέχεται ; ἢ ἀεὶ αὐτῶν ἕκαστον, ὃ ἔστι μονοειδὲς ὂν, αὐτὸ καθ' αὑτὸ ὡσαύτως κατὰ ταυτὰ ἔχει, κỳ οὐδέποτε οὐδαμῇ οὐδαμῶς ἀλλοίωσιν οὐδεμίαν ἐνδέχεται. Ipsum nimirùm æquale, ipsum pulchrum, ipsum singulum (id est, id quod reverà existit) nunquàmne ullam mutationem suscipit? aut certè, ipsorum unumquodque, quod nimirùm est uniforme, illud, quod reverà existit, ipsum per se ipsum similiter eodem modo habet, & nunquàm usquàm ullo modo ullam alterationem suscipit? **Phædo.** tom. 1, p. 78. D.

(b) Σωκράτης, κỳ Πλάτων τὸ ἓν τὸ μονοφυὲς, κỳ αὐτοφυὲς, τὸ μοναδικὸν, τὸ ὄντως ἀγαθόν. πάντα ἢ ταῦτα τῶν ὀνομάτων εἰς τὸν νοῦν σπεύδει. νοῦς ἂν ὁ θεός, χωριστὸν εἶδος, τουτέστι τὸ ἀμιγὲς πάσης ὕλης, μηδενὶ παθητῷ

rituel, dégagé de toute matiere, & de toute chose paſſible. Théodoret (*a*) dit que Dieu ne peut être apperçu par les yeux, ni être comparé à quoi que ce ſoit de viſible, & qu'ainſi il étoit impoſſible d'apprendre à le reconnoître par une repréſentation.

<small>Platon conforme à Moyſe.</small>

269. Platon (*b*), dans le Timée, donne de Dieu la même définition que Moyſe, en l'appellant : *Celui qui eſt toujours.*

<small>Définition de Dieu par Speuſippe.</small>

270. Speuſippe (*c*), dans le livre des définitions, attribué à Platon, définit Dieu

---

συμπεπλεγμένον. Socrates, & Plato Deum eſſe dixerunt aliquid unum, unigenitum, à ſe ipſo genitum, ſingulare, verè bonum : ſingula verò hæc nomina ad mentem diriguntur. Itaque Deus eſt mens, ſeparata forma, hoc eſt, ab omni materiâ ſecreta, nullique patibili rei permixta. *Plutarch. de Placitis Philoſ. Lib.* 1. *cap.* 7. *p.* 25.

(*a*) Ἀπὸ εἰκόνος ἐν γνωρίζεται, ὀφθαλμοῖς οὐχ ὁρᾶται, οὐδενὶ ἔοικε. Διόπερ αὐτὸν οὐδεὶς ἐκμαθεῖν ἐξ εἰκόνος δυνάται. *Theodoret. Therapeutic. tom.* 4, *pag.* 477. I. *Orat. de fide.*

(*b*) Πᾶς ὄντως ἀεὶ λογισμὸς Θεῦ. Deus ille, qui ſemper eſt. *Platon. Tim. tom.* 3. *p.* 34, 37.

(*c*) Θεὸς, ζῶον ἀθάνατον, αὐτάρκες πρὸς εὐδαιμονίαν· οὐσία ἀΐδιος, τῆς τἀγαθοῦ φύσεως αἰτία. Deus immortalis, ſe ipſo contentus ad felicitatem ; eſſentia ſempiter-

DE DIEU. 187

un Être immortel, trouvant sa félicité en lui-même, d'une essence éternelle, & l'auteur de tout le bien qui est dans la Nature.

271. Platon (*a*) admettoit comme une conséquence naturelle l'imperfection dans les corps, & en inféroit que les corps avoient eu un commencement ; ce qui confirme fort bien tout ce qu'il dit sur l'éternité d'un Dieu incorporel.

Autre passage de Platon.

272. Il y a un passage dans Aristote, dans lequel il s'exprime, en parlant de Dieu, dans les mêmes termes qu'auroit pu faire un des Peres de l'Eglise : il dit (*b*)

Sentiment d'Aristote sur la nature de Dieu, suivi de Cicéron.

---

na, naturæ boni causa. *Speusippi Definitiones ad calcem Platonis*, tom. 3, pag. 421.

(*a*) Ὁρατὸς γὰρ, ἁπτός π ἐςι, καὶ σῶμα ἔχων... σωματοειδὲς δὴ καὶ ὁρατὸν, ἁπτόν τε δεῖ τὸ γενόμενον εἶναι. Factus est (inquit), quandoquidem cernitur, & tangitur, & corpus habet... Corporeum autem, & aspectabile, itemque tractabile omne necesse est esse, quod natum est. *Platonis Tim. pag.* 28. B. & 31. B.

(*b*) Ὅτι μὲν οὖν ἐςιν οὐσία τις ἀΐδιος, καὶ ἀκίνητος, καὶ κεχωρισμένη τῶν αἰσθητῶν, φανερὸν ἐκ τῶν εἰρημένων· δέδεικται δὲ, καὶ ὅτι μέγεθος οὐδὲν ἐνδέχεται ἔχειν ταύτην τὴν οὐσίαν, ἀλλὰ ἀμερὴς καὶ ἀδιαίρετός ἐςι. Quòd itaque est

que *Dieu est une substance éternelle, immobile, séparée de tout ce qui peut tomber sous les sens, qui n'a aucune étendue, & par conséquent est indivisible*; & Cicéron s'exprime aussi dans les mêmes termes (*a*).

Beau passage de Plutarque.

273. Je conclurai cet article par un beau passage de Plutarque que je donne ici dans les propres termes d'Amyot (*b*) :

---

quædam æterna, immobilisque substantia, & à sensibus separata, constat ex dictis. Ostensum autem est, quòd nec ullam magnitudinem possibile est hanc substantiam habere, verùm impartibilis, indivisibilisque est.

(*a*) Nec verò Deus ipse qui intelligitur à nobis, alio modo intelligi potest, nisi mens soluta quædam & libera, *segregata ab omni concretione mortali*. Tuscul. 1. c. 27. L'abbé Olivet appelle ce trait de Cicéron *le fléau des Matérialistes*.

(*b*) Ὁ δὲ ταῦτα τῷ μετροῦντι πέπονθεν, ἢ μέτρον μὲν ἡ φύσις, οὐδὲν αὐτῆς μέρος οὐδ᾽ ὄν ἐστιν, ἀλλὰ γινόμενα πάντα καὶ φθειρόμενα κατ᾽ αὐτὴν πρὸς τὸν χρόνον συνεμίγη. ὅθεν οὐδ᾽ ἐστὸν ἐστιν οὐδὲν τῶ ὄντος λέγει ὡς ἰοῦ, ἢ ἔσαι. ταῦτα γὰ ἐγκλίσεις τινές εἰσι καὶ μεταβάσεις καὶ παραλλάξεις, τοῦ μέρειν ἐν τῷ εἶναι μὴ πεφυκότος. ἀλλ᾽ ἔστιν ὁ Θεός, χρὴ φάναι, καὶ ἔστι κατ᾽ οὐδένα χρόνον, ἀλλὰ κατὰ τὸν αἰῶνα τὸν ἀκίνητον, καὶ ἄχρονον, καὶ ἀνέγκλιτον. καὶ οὗ πρότερον ἔστιν ἐστίν, οὐδ᾽ ὕστερον, οὐδὲ νεώτερον. ἀλλ᾽ εἷς ὢν ἐνὶ τῷ νῦν

DE DIEU.

» Par quoi il faut conclure que Dieu est ;
» & qu'il est, non point selon aucune me-
» sure de temps, mais selon une éternité
» immuable & immobile, non mesurée
» par temps, ni sujette à aucune déclinai-
» son; devant lequel rien n'est, ni ne sera

τὸ ἀεὶ πεπλήρωκε, κỳ μόνον ἐςι τὸ κατὰ τοῦτον ὄνίως ὄν,
ἐ γεγονὸς, οὐδ᾽ ἐσόμενον, οὐδ᾽ ἀρξάμβρον, οὐδὲ παυσόμενον.
οὕτως αὐτὶ δεῖ σεβομβρους ἀσπάζεσθαι κỳ προσιδίζειν.

Quòd si idem accidit naturæ, quam tempore metimur, quod mensuræ ejus; ipsa quoque nihil est permanens, nihil ens, sed omnia sunt fientia, & intereuntia, juxta eorum cum tempore comparationem. Itaque de eo, quod est, non licet dicere fuisse id, aut fore; quæ verba inclinationem significant, atque discessum, & mutationem, quæ locum in eo, quod est, non habet. Deus autem, si ita dicendum sit, est, & est nullâ ratione temporis, sed æternitatis immobilis, tempore, & inclinatione carentis : in quâ nihil prius est, nihil posterius, nihil futurum, nihil præteritum, nihil antiquius, nihil recentius, sed una cum sit, unico nunc sempiternam implet durationem, & hujus ratione, quod esse dicitur, verè est, non futurum, non præteritum, neque orsum, neque desiturum. Sic itaque Deus nobis est venerationis studio salutandus, atque compellandus. *Plutarch. de ει Delph. tom.* 2, *p.* 393. *A.*

„ après, ni plus nouveau, ou plus récent ;
„ mais un réellement étant ; qui par un
„ seul *maintenant* emplit le *toûjours*, & n'y
„ a rien qui véritablement soit que lui seul,
„ sans qu'on puisse dire, il a été, ou il
„ sera ; sans commencement & sans fin.
„ Il en appelle ensuite à tous les hommes,
„ pour sçavoir si aucun a jamais avancé que
„ Dieu ait été engendré, & qu'il puisse
„ périr (*a*).

(*a*) Φθαρτὸν ἢ κ γενητὸν οὐδεὶς, ὡς ἔπος εἰπεῖν, διανοεῖται Θεόν. Interitui autem obnoxium, & natum nemo ferè cogitavit esse Deum. *Idem, de Stoicor. Repugn.* tom. 2. p. 1051. E. F.

CHAPITRE II.
DE L'AME.

274. Ce Chapitre pourroit être cru inutile, y ayant peu de personnes versées dans la lecture des Anciens, qui ne leur rendent la justice de croire qu'ils ont connu la nature de l'ame & son immortalité ; cependant, comme on ne convient pas toujours de la pureté de leur doctrine sur la spiritualité de l'ame, il ne sera pas mal-à-propos d'en dire ici deux mots, & de faire voir qu'ils avoient, à cet égard, des idées aussi saines & aussi justes, que la morale la plus sévère & la philosophie la plus rigoureuse pouvoient l'exiger. *Les Anciens ont eu des idées justes de l'ame.*

275. Cicéron disoit (a) *qu'à moins d'être stupide, on ne pouvoit douter que l'ame pût* *Sentiment de Cicéron ;*

___
(a) In animi autem cognitione dubitare non possumus, nisi planè in Physicis plumbei sumus, quin nihil sit animis admixtum, nihil concretum, nihil copulatum, nihil coagmentatum, nihil duplex ; quod cùm ita sit, certe nec secerni, nec dividi, nec distrahi potest, nec interire igitur. *Cic. Tusc. Quæst. 1. p. 119.*

souffrir aucun mélange, aucune composition, aucune liaison ou assemblage de parties; & qu'ainsi elle ne pouvoit être séparée, divisée, ni par conséquent être détruite.

d'Anaxago-re & d'Ari-stote;

276. Et Aristote (a) soutenoit de même qu'il étoit nécessaire d'admettre avec Anaxagore, que *ce qui comprenoit toutes choses ne souffroit point de mélange, afin de pouvoir contenir & connoître tout;* & qu'il étoit par-là conforme à la raison que *l'ame n'eût rien de corporel en elle.*

de Platon;

277. Platon a parlé de la nature de l'ame mieux qu'aucun philosophe parmi les Anciens. Ses écrits fourmillent de peintures admirables des facultés de l'ame. Dans un endroit de son Epinomis (b), il dit qu'une

---

(a) Ἀνάγκη ἄρα ἐπεὶ πάντα νοεῖ, ἀμιγῆ εἶναι, ὥσπερ φησὶν Ἀναξαγόρας, ἵνα κρατῇ. τοῦτο δ' ἐστὶν, ἵνα γνωρίζῃ. Necesse est igitur eum, qui omnia intelligit, esse non mixtum, sicut ait Anaxagoras, ut superet, hoc autem est, ut cognoscat. *Arist. de animâ, t. 1. l. ij. c. 1. p. 630, & lib. iij. c. 1. p. 652. E. & p. 653. A.* Διὸ οὐδὲ μεμίχθαι εὔλογον αὐτὸν τῷ σώματι. Idcircò non est rationi consentaneum eum esse mixtum cum corpore.

(b) Τὸ ᾗ λεγόμενον πάλιν (οὐ γὰρ ἅπαξ ῥητέον) ἀοράτῳ τε εἶναι καὶ γιγνώσκοντι, νοητῷ τε, μνήμης μεταλαβόντι λο-

de

de ſes principales propriétés eſt de ne point tomber ſous les ſens, & de ne pouvoir être connue que par l'entendement; & qu'elle a la faculté de comprendre & de connoître toutes choſes. Dans un autre endroit, il dit (a) que l'ame differe du corps en ce qu'elle eſt douée d'entendement; & que le corps n'eſt la cauſe d'aucune affection, mais qu'elles ſe trouvent toutes dans l'ame.

278. Le même auteur a enſeigné par- lequel admettoit les peines & les récompenſes.

γισμοῦ τε ἐν περιτταῖς τε καὶ ἀρτίαις ἁμμεταβολαῖς πέντε ὄντων τῶν σωμάτων, πῦρ χρὴ φάναι καὶ ὕδωρ εἶναι.

Animi verò generi (nullum enim incommodum eſt, bis idem dici) proprium, & peculiare eſt, ut ſub aſpectum minimè cadat, intelligentiâ percipiatur; & ipſe vim habeat cognoſcendi, atque percipiendi res ipſas, memoriæ, & ratiocinationis in ipſis imparibus, paribuſve mutationibus particeps. *Plato, in Epinomide, p. 981. C.*

(a) Διαφέρειν ἡ ψυχὴ σώματος. ἔμφρον μὲν που, τὸ δ', ἄφρον θήσομεν· ἄρχον ἡ, τὸ δ' ἀρχόμενον· καὶ τὶ μὲν αἴτιον ἁπάντων, τὸ δ', ἀναίτιον πάσης πάθης.

Animum verò ita differre à corpore, quòd ille mente ſit præditus, hoc verò careat: ille dominetur, hoc ſubjiciatur: hoc nullam ullius affectionis cauſam præbeat, ille omnium ſit cauſa. *Plato, in Epinomide, p. 983. D.*

tout l'immortalité de l'ame (a), *laquelle devoit*, disoit-il, *paroître devant Dieu pour rendre compte de ses actions* (b).

Sentiment de Plutarque.

279. Plutarque (c), qui a suivi Platon dans la plûpart de ses opinions, disoit

---

(a) Ουκοῦν καὶ νῦν περὶ τῆς ἀθανάτε, εἰ μὲν ἡμῖν ὁμολογεῖται καὶ ἀνώλεθρον εἶναι, ψυχὴ ἂν εἴη, πρὸς τῷ ἀθάνατος εἶναι, ἀνώλεθρος. Ergò nunc & de immortali, siquidem inter nos convenit illud ab omni exitio liberum, atque immune esse, conficitur animam etiam immortalem, & ab omni exitio liberam esse, atque immunem. *Platon. Phædon. tom. 1. p. 100. D.*

Οὐκ ἤσθησαι ὅτι ἀθάνατος ἡμῶν ἡ ψυχὴ καὶ ἀδιώλυται. Ignorasne immortalem esse nostram animam, & nunquam perituram. *Plato, de Rep. Lib. x. tom. 2. p. 608. D.*

(b) Τὸν δ᾽ ὄντα ἡμῶν ἕκαστον ὄντως ἀθάνατον εἶναι, ψυχὴν ἐπονομαζόμενον, παρὰ Θεοὺς ἄλλους ἀπιέναι δώσοντα λόγον· καθάπερ ὁ νόμος ὁ πάτριος λέγει. Unumquemque nostrûm animum immortalem esse, eumque ad Deos alios proficisci rationem vitæ redditurum : quemadmodùm lex Patria docet. *Idem, de legib. Lib. 12. pag. 959. tom. 2. B.*

(c) Σῶμα μὲν πάντων ἕπεται θανάτῳ περιφθαρέν, σῶον δ᾽ ἔτι λείπεται αἰῶνος ἔιδωλον. Omnium corpus tenetur morte pallidâ, mens restans æternitatis effigiem tenet. *Plut. vit. Romul. tom. 1, p. 35. F. Vide & de consi. ad Apol. tom. 2. pag. 120.*

aussi que le corps étoit assujetti à la mort, mais que l'ame restoit, *& portoit avec soi l'empreinte de l'éternité.*

280. Ce sujet me porte à dire un mot sur l'opinion célèbre de l'ame des bêtes qui a élevé tant de disputes au siècle dernier. Descartes ayant défini l'ame une substance pensante, & concluant, de la simplicité de la nature de la pensée, l'immatérialité & l'immortalité de l'ame; il fut obligé, par une suite nécessaire de ses principes, de refuser la pensée aux bêtes & de soutenir qu'elles n'étoient que des machines : mais outre que l'on a accusé Descartes d'avoir puisé cette idée dans l'ouvrage de Gomez Pereira, Médecin Espagnol, intitulé *Antoniana Margarita*, on peut encore remonter beaucoup plus haut pour découvrir l'origine de cette opinion, qui se trouve attribuée à Diogène le Cynique (*a*), par Plutarque; en effet,

De l'ame des bêtes, & de ce que les Anciens & S. Augustin en ont pensé.

(*a*) Διογένης αὐτὰ διὰ τὸ τὰ μὲν πυκνότητι, τὰ δὲ πλησμονῇ τῆς ὑγρότητος, μήτε διανοεῖσθαι, μήτε αἰσθάνεσθαι. Diogenes animalia bruta ob crassitiem, humorisque abundantiam, aut excessum, non intelligere, neque sentire. *Plutarch. de Placit. Philosoph.* L. 5. c. 20.

il dit que ce philosophe avoit enseigné que les bêtes n'avoient ni sentiment ni intelligence. On pourroit dire que les raisons qu'il allègue ne sont pas trop philosophiques, & n'ont aucun rapport avec celles qui ont conduit Descartes à sa conclusion du méchanisme des bêtes ; & c'est ce qui conserveroit encore à Descartes l'honneur de cette découverte, puisqu'il paroît l'avoir trouvée le premier par une méthode philosophique : mais quoique Diogène, Aristote (*a*), Cicéron (*b*), Porphyre (*c*), Proclus (*d*), S. Augustin (*e*) & Macrobe (*f*), chez qui on a cru découvrir les

---

(*a*) *Aristotel. tom.* 1, *in Libro* 1. *Metaphysicorum, cap.* 1, *& Lib.* 4. *de Histor. Animal. c.* 8 *&* 9.

(*b*) *Cicero, Tusculan. lib.* 4, *p.* 158. *lin.* 12.

(*c*) *Porphyr. de Abst. ab anim. lib.* 3.

(*d*) *Proclus, in Platon. Philos. lib.* 3, *cap.* 1, *p.* 128. *Edit. Hamb.* 1618. *fol.*

(*e*) Quod autem tibi visum est, non esse animam in corpore viventis animalis, quanquàm videatur absurdum, non tamen doctissimi homines, quibus id placuit, defuerunt, neque nunc arbitror deesse. *S. August. cap.* 30 *de quantitate animæ.*

(*f*) *Macrobius in somnium Scipionis, Lib.* 1, *c.* 12 *&* 14.

traces de ce paradoxe, ne l'aient point tiré comme Descartes de ses véritables principes, il n'en est pas moins constant qu'ils l'ont connu, & même quelquefois soutenu, comme on peut le voir discuté de la manière la plus détaillée par Bayle (*a*), & S. Augustin disoit positivement que c'étoit une opinion admise par quelques-uns des plus sçavans hommes de son temps. Ce saint Pere traitant de l'esprit & de l'ame, parle d'une espèce d'air ou de feu, que sa subtilité dérobe à notre vue, qu'il appelle esprit corporel, & dont il dit qu'il donne la vie aux corps par la chaleur intérieure qu'il leur communique : il est des corps, dit-il, comme ceux des arbres & des plantes, auxquels cet esprit subtil ne donne simplement que la vie ; mais suivant ce Pere de l'Eglise, il en est d'autres *qu'il fait vivre & sentir tout ensemble comme font tous les animaux* (*b*) ; de sorte que dans

―――――――――――

(*a*) Bayle, *article* Pereira, *note* D. *l*. pag. 654. 655.

(*b*) Spiritum corporeum voco aërem, vel potius ignem, qui pro suî stabilitate videri non potest,

son sentiment l'ame des bêtes consiste en un feu subtil qui leur donne la vie, par la chaleur intérieure qu'il leur communique. Dans un autre traité ce même Docteur de l'Eglise enseigne que la vie des bêtes dépend des esprits, lesquels ne sont composés que d'air & du sang de l'animal; il ajoûte que ces petits corps ne laissent pas d'être capables de sentiment & de mémoire, mais nullement de pensée; si bien que la mort du corps les dissipe & les fait évanouir en l'air (*a*) : sur quoi il faut remarquer que, lorsque S. Augustin dit ici que les esprits animaux sont capables de sentiment & de mémoire, il entend par-

---

& corpora inferiùs vegetando vivificat ; quædam autem vivificat tantùm , & non sensificat, sicut arbores, & herbas & universa in terrâ germinantia; quædam autem sensificat, & vegetat, sicut omnia bruta animalia. *S. August. de Spiritu, & animâ, cap.* 23.

(*a*) Vita brutorum est Spiritus vitalis constans de aëre, & sanguine animalis, sed sensibilis, memoriam habens, intellectu carens, cum carne moriens, in aëre evanescens. *Idem, de scientiâ verâ vitâ, cap.* 4.

ler d'un premier degré de sentiment, ce qu'il explique dans le trente-huitième Chapitre du même livre de la connoissance de la véritable vie, en appellant la faculté de sentir du corps *vis ignea*, ou la mobilité & la subtilité de ces esprits qui donne la vie & le sentiment aux bêtes, & leur donne aussi une mémoire, mais une mémoire corporelle, pour ainsi dire; qui n'est qu'une habitude dans les esprits animaux à se porter vers le cerveau des bêtes, y causer les mêmes impressions, & leur faire produire les mêmes effets : & une preuve qu'il croyoit que ces esprits étoient corporels, & par conséquent incapables de sentiment, dans le sens qu'on le prend ordinairement, c'est qu'il dit que la mort du corps les dissipe & les fait évanouir en l'air. Le même Auteur assure encore autre part que l'ame des bêtes ne consiste que dans le sang (*a*). Et S. Thomas parlant des opérations des bêtes, disoit qu'elles avoient une disposition à certaines démar-

───────────────

(*a*) *Idem. Quæstion. in Leviticum. Quæst.* 57.

ches très-bien ordonnées, très-justes & très-conformes à leurs fins; mais que cela venoit de ce que le divin ouvrier les avoit réglées & ordonnées de la sorte (*a*). En quoi il soutenoit bien clairement l'opinion que l'on a attribuée à Descartes, comme une découverte de ce philosophe. On peut aussi remonter plus haut pour chercher les traces de cette opinion, en faisant attention que l'Ecriture-Sainte en plusieurs endroits enseigne que l'ame des bêtes consistoit dans leur sang. Gardez-vous bien, disoit Moyse aux Juifs, de manger du sang; car le sang des bêtes leur tient lieu d'ame : c'est pourquoi vous ne mangerez pas leur ame avec leur sang (*b*). Or si l'Au-

---

(*a*) Habent bruta inclinationem naturalem ad quosdam ordinatissimos processus, utpote à summâ arte ordinatos. *S. Thomas*, *primâ part. secund. Summ. Quæst.* 13. *art.* 2.

(*b*) Ne sanguinem edas; nam sanguis est ipsa anima : ne ergò comedas animam cum ipsâ carne. *Deuteron. cap.* 2. *v.* 23.

Quia anima carnis in sanguine est. Anima enim omnis carnis in sanguine est ; undè dixi Filiis Israël : sanguinem universæ carnis non comedetis,

teur sacré enseignoit que le sang des bêtes leur tenoit lieu d'ame, il vouloit donc que l'on crût que cette ame étoit corporelle, & par conséquent incapable de sentiment.

---

quia anima carnis in sanguine est. *Levitic. cap.* 17. *v.* 11 & 14. » On peut ajouter à tout ce qui a été » dit, les fréquens raisonnemens d'Aristote, ten- » dans à prouver que les bêtes sont des automates, » de vraies machines. *Lib. de Spiritu, cap.* 9 au commencement... *De motu Animal. cap.* 7 au milieu; & *c.* 8, vers la fin. *Voy.* aussi le Pere Pardies, de l'ame des Bêtes, *Sect.* 70-80.

CHAPITRE III.
Du Temps & de l'Espace.

Avis partagés dans tous les âges sur ces deux points.

281. Les questions, qui roulent sur ces deux sujets, ont toujours été accompagnées de si grandes difficultés, qu'elles ont embarrassé les plus célèbres philosophes de tous les siécles; & on les a vus défendre des sentimens opposés, avec des raisons également fortes de part & d'autre.

Les Sceptiques nioient l'existence du temps. Leibnitz a suivi Platon & les Pythagoriciens dans leurs idées sur le temps;

282. Les Sceptiques ont nié l'existence réelle du temps & de l'espace : ils maintenoient (a) que le temps n'existoit point, & le prouvoient de cette maniere : » Le » passé n'est plus; le futur n'a pas encore » été; & la rapidité avec laquelle les cho- » ses de ce monde passent, fait que le pré- » sent se change tellement en passé qu'il ne » peut être compris, ou saisi par l'enten- » dement «. Ils faisoient ainsi du temps

---

(a) *Sextus Empiricus adv. Mathem. Lib.* 10. *pag.* 666, 667 *ad finem, & seq.*

ET DE L'ESPACE. 203

une relation & non une chose réelle; & Timée de Locres, & après lui Platon, paroissent avoir eu la même opinion, quand ils ont dit que Dieu avoit créé le temps. Timée (*a*) enseignoit que le temps avoit été constitué, à la création du monde, sur l'image de l'éternité; & Platon, que le temps avoit commencé à exister (*b*) avec les cieux,

---

(*a*) Ὁ Θεὸς (χρόνον ἐκόσμησε) σὺν κόσμῳ. οὐ γὰρ ἦν πρὸ κόσμου ἄστρα· διόπερ οὐδ᾽ ἐνιαυτός, οὐδ᾽ ὡρῶν περίοδοι, αἷς μετρεῖται ὁ γενητὸς κόσμος οὗτος· εἰκὼν δ᾽ ἐστὶ τοῦ ἀγενήτου χρόνου, ὃν αἰῶνα προσαγορεύομες. ὡς γὰρ ποτ᾽ ἀΐδιον παράδειγμα τὸν διανοητὸν κόσμον, ὅδε ἀρχνὸς ἐξυιάθη, οὕτως ὡς πρὸς παράδειγμα τὸν αἰῶνα ὅδε χρόνος σὺν κόσμῳ ἐδαμιουργήθη.

Deus autem tempus cum ipso mundo ordinavit. Non enim erant astra ante tempus, neque proindè annus, neque anni tempestates certis circuitibus distinctæ, quibus genitum hoc tempus definitur. Est autem tempus ingeniti temporis imago, quod æternitatem vocamus. Quemadmodùm enim hæc universitas ad intelligibilis mundi exemplar creata est, ita & hoc tempus ad æternitatem, veluti ad exemplar quoddam, cum mundo ab opifice fuit constitutum. *Timæus Locr. in Platone*, tom. 3, pag. 97. D.

(*b*) Ἡμέρας γὰρ καὶ νύκτας, καὶ μῆνας, καὶ ἐνιαυτοὺς, οὐκ ὄντας πρὶν οὐρανὸν γενέσθαι, κ᾽ τότε ἅμα ἐκείνῳ ξυνιστα

& que le cours des astres en régloit la (a) mesure : ce n'étoit donc, suivant ces philosophes, *que la durée successive d'une chose changeante*, exprimée par Leibnitz, *un ordre de succession entre les créatures, & dans les idées des êtres intelligens.*

aussi bien que Descartes.

283. Descartes a aussi suivi ces philosophes, lorsqu'il a dit que le temps ou la durée n'étoient que la manière dans laquelle nous envisageons les choses.

μέρη τὴν θέσιν αὐτῷ μηχανᾶται. Ταῦτα δὴ πάντα μέρος χρόνου.

Dierum enim, & noctis, & mensium, & annorum, qui non erant antequàm cœlum exstaret, tunc omninò cum ipsam constitueret, originem molitur. Quæ quidem temporis partes sunt. *Plato, in Timæo, p.* 37. E. 38. D.

(a) Πλάτων οὐσίαν χρόνου τὴν τοῦ οὐρανοῦ κίνησιν. Temporis mensuram, Plato dicebat esse motum cœli. Γεννητὸν κατὰ ἐπίνοιαν. Plato verò genitum juxtà intelligentiam nostram existimavit. *Plutarch. de Placitis Philosoph. Lib.* 1. c. 2.

Ἅμα αὐτὸν τῷ οὐρανῷ γεγονέναι. Plato dixit tempus cum cœlo genitum esse. *Aristotel. Natur. Auscult. Lib.* 8, *cap.* 1, *p.* 409. A.

χρόνος, ἡλίου κίνησις· μέτρον φορᾶς. Tempus est motus solis; mensura motûs. *Plato, in Speusippi Definition.*

284. Musschenbroëk, dans ses Essais de Physique, chap. 4, p. 74 & 75, adopte l'opinion de Leibnitz contre Newton & Clarke, & s'explique là-dessus, en disant » que le temps n'est pas une chose qui soit » réelle dans le monde, ou qui subsiste par » elle-même ; ce n'est que l'idée d'un cer- » tain ordre de choses, qui se suivent con- » tinuellement l'une & l'autre, comme » dans une file, & sans aucune intermis- » sion. Pour sçavoir ce que c'est que le » temps, il suffit de faire attention à la » maniere dont nos idées se succèdent con- » tinuellement les unes aux autres : lors- » qu'on fait ensuite attention à cet enchaî- » nement des idées de notre ame, qui se » suivent l'une & l'autre, on se représente » en même temps le nombre de toutes » ces idées qui se succèdent ; & de ces deux » idées, de l'ordre dans lequel elles se sui- » vent, & de leur nombre, on se forme » une troisième idée, qui nous représente » le temps comme une grandeur qui s'au- » gmente continuellement. On voit par-là » que tout cela n'est qu'idéal ; & nous

Explication de la nature du temps par Musschen-broëk;

» voyons par ce qui précède, que le temps
» n'est pas une substance ; mais qu'il n'est
» autre chose qu'une idée qui dépend de la
» suite des choses que nous concevons.
» Ainsi s'il n'existoit aucune chose, il n'y
» auroit aussi point de temps «. Or un peu
d'attention à ce qu'ont dit les Anciens sur
ce sujet nous fera voir que les Modernes
n'ont rien ajoûté à leur doctrine.

donnée de même long-temps avant par Aristote.

285. » Aristote d'un côté disoit (a) que

(a) Ἀλλὰ μὴν οὐδ' ἄνευ γε μεταβολῆς· ὅταν γὰρ αὐτοὶ μηδὲν μεταβάλλωμεν τὴν διάνοιαν, ἢ λάθωμεν μεταβάλλοντες, οὐ δοκεῖ ἡμῖν γεγονέναι ὁ χρόνος.

At verò nec est sine mutatione : cùm enim ipsi nihil mutamur cogitatione ; aut, si mutemur, non animadvertimus : tunc non videtur nobis fuisse tempus. *Aristotel. Natural. Auscul. lib. 4, cap. 16, tom. 1, pag. 366. A B.*

Εἰ δὲ τὸ μὴ οἴεσθαι εἶναι χρόνον τότε συμβαίνει ἡμῖν ὅταν μὴ ὁρίσωμεν μηδεμίαν μεταβολήν, ἀλλ' ἐν ἑνὶ καὶ ἀδιαιρέτῳ φαίνηται ψυχὴ μένειν· ὅταν δὲ αἰσθώμεθα, καὶ ὁρίσωμεν, τότε φαμὲν γεγονέναι χρόνον· φανερὸν ὅτι οὐκ ἔστιν ἄνευ κινήσεως καὶ μεταβολῆς ὁ χρόνος· ὅτι μὲν οὖν οὔτε κίνησις, οὔτε ἄνευ κινήσεως ὁ χρόνος ἐστί, φανερόν. Ληπτέον δ', ἐπειδὴ ζητοῦμεν τί ἐστιν ὁ χρόνος, ἐντεῦθεν ἀρχομένοις, τί τῆς κινήσεώς ἐστιν· ἅμα γὰρ αἰσθανόμεθα καὶ χρόνου. καὶ γὰρ ἐὰν ᾖ

» le changement continuel des choses qui
» passent constituoit le temps ; & que si
» nous ne faisions point attention à la suc-
» cession ou au changement de nos idées, il
» n'y auroit point de temps pour nous. Il
» répète dans le même endroit, que le
» temps a un rapport avec le mouvement
» des corps, & que l'attention à ce qui se
» passe dans notre esprit est ce qui seul nous
» donne l'idée du temps «. Leibnitz a dit
après Aristote, que s'il n'y avoit point de

───────────────────────────────

σκότης, καὶ μηδὲν διὰ τῦ σώματος πάχωμϵν, κίνησις δὲ
τις ἐν τῇ ψυχῇ ἐνῇ, ἐυθὺς ἅμα δοκεῖ τι γεγονέναι, κ χρόνος.

Ergò si tunc nobis accidit, ut non putemus esse
tempus, cùm nullam mutationem distinguimus,
sed in uno, & individuo manere videtur; cùm autem sentimus, ac distinguimus, tunc dicimus fuisse
tempus; perspicuum est, non esse tempus sine motu
& mutatione. Patet igitur, tempus nec esse motum,
nec sine mutatione. Quoniam autem quærimus,
quid sit tempus, sumendum est, hinc facto initio,
quid motionis sit; simul enim motionem sentimus,
ac tempus. Nam etiamsi tenebræ sint, & nihil corpore patiamur, motus tamen aliquis in animâ insit;
confestim simul videtur fuisse etiam aliquod tempus. *Idem, ibidem.*

créatures intelligentes, & que Dieu seul existât, il n'y auroit point de temps; parce que le temps n'étant que l'ordre de la succession des êtres, & cette succession étant immuable par rapport à Dieu, le temps alors n'existeroit que dans l'intelligence divine comme une possibilité relative.

Sentiment de Lucrèce. 286. Lucrèce disoit de même que le temps (*a*) n'étoit qu'un être de raison, dont nous n'avons point d'idée indépendamment du mouvement.

Idées de Descartes sur l'espace & l'étendue prises de Platon. 287. Descartes a tiré de Timée de Locres & de Platon, ses idées sur le plein, l'espace & l'étendue; il dit que l'espace (*b*), & les corps qu'il contient, ne different que

---

(*a*) Tempus item per se non est; sed rebus ab ipsis Consequitur sensus. . . . .
 Nec per se quemquam tempus sentire fatendum est,
Semotum à rerum motu, placidâque quiete.
     Ita Lucretius, l. 1, *v.* 460.

(*b*) Ἅπαντα δ' ὧν τὰ ἐν ἐντί, ουδὲν κενὸν ἀπολείποντα. Omnia igitur plena sunt, nec vacui quicquam relinquunt. *Timæus Locr. de spatio, pag.* 98. E.

dans

dans notre manière de les concevoir; & que l'étendue en longueur, largeur & profondeur, qui constitue l'espace, est la même que celle qui constitue les corps : car dans l'idée que nous avons du corps, si nous faisons abstraction de toutes ses propriétés, il nous reste toujours l'idée de l'étendue en longueur, largeur & profondeur, laquelle nous avons également, en pensant à l'espace; soit que nous le concevions vuide, ou contenant les corps.

288. Plutarque exposant la doctrine de Platon sur l'espace, lui fait dire (*a*) : que le lieu étoit susceptible de recevoir indifféremment toutes sortes de formes, les unes après les autres, & que par cette raison il appelloit la matière, lieu ou espace, {.sidenote Platon exposé par Plutarque;}

(*a*) Πλάτων τὸ μεταληπτικὸν τῶν εἰδῶν, ὅπερ εἴρηκε μεταφορικῶς τὴν ὕλην, καθάπερ τινὰ τιθήνην, ᾗ δεξαμενήν.

Plato locum id esse dixit, quod formas recipere, unamque post aliam assumere potest; ideòque materiam sic metaphoricè locum vocavit, veluti nutricem quamdam, ac susceptricem. *Plutarch. de Placit. Phil. lib.* 1, *c.* 19.

la regardant comme la mere, & le réceptacle de tous les corps.

&par Stobée.

289. Et Stobée rapporte que Platon (*a*) entendoit par l'espace, *ce qui recevoit toutes sortes de formes* ; lequel il appelloit autrement *la matière*, & qu'il regardoit comme la mere & le réceptacle de toutes les formes ; c'est pourquoi il n'admettoit point de vuide.

―――――――――――

(*a*) Πλάτων τόπον εἶναι τὸ μεταληπτικὸν τῶν εἰδῶν, ὅπερ εἴρηται μεταφορικῶς τὴν ὕλην. καθάπερ τινὰ τιθήνην καὶ δεξαμένην· κενὸν δὲ μὴ εἶναι μήτε ἐκτὸς τοῦ κόσμου μήτε τῷ κόσμῳ· λέγει γὰρ ἐν τιμαίῳ οὕτως. τῶν δὲ δὴ τεττάρων, ἓν ὅλον ἕκαστον εἴληφεν ἡ τοῦ κόσμου σύστασις, ἐκ γὰρ πυρὸς παντὸς ὕδατός τε κ̣ ἀέρος καὶ γῆς συνέστησεν αὐτὸ ὁ συνιστὰς.

Plato locum statuit, qui species reciperet, quam translatè vocavit materiam, tanquam nutricem, & receptaculum; vacuum autem nusquàm concedit. Sic enim ait in Timæo : Earum autem quatuor rerum, quas suprà dixi, sic in omni mundo omnes partes collatæ sunt, ut nulla pars hujusce generis excederet extrà, atque in hoc universo ineslent genera illa universa. *Stobæus*, pag. 39. 40.

CHAPITRE IV.

De la création du Monde & de la Matière.

290. Fort peu de philosophes dans l'Antiquité ont connu la création de la matière, quoique plusieurs soient convenus que le monde avoit été produit par un être suprême & intelligent. Mais comme la plûpart partoient de ce principe, que *rien ne se fait de rien*, & qu'il répugnoit, d'un autre côté, aux lumieres de leur raison que l'ordre admirable qui règne dans l'univers fût l'effet d'une cause aveugle, ils étoient obligés d'admettre la matière éternelle, mais informe, & arrangée par Dieu, sans faire attention aux inconvéniens où les exposoit un tel système. *Sentimens des Anciens partagés sur la création de la matière.*

291. Xénophane, Parménide, Zénon, Anaxagore, Démocrite & Aristote supposoient la matière éternelle ; mais Héliode(*a*), Pythagore, Platon, Thalès, Phi- *Enumération des témoignages pour & contre.*

――――――――――――――
(*a*) Ἤ τοι μὲν πρώτιστα χάος γένετο. Principio quidem factum est chaos. *Hesiod. Gener. Deor.* v. 116.

lolaüs, Jamblicus, Hierocles & Proclus ont reconnu, non-seulement que Dieu avoit établi l'ordre qui règne dans l'Univers; mais même quelques-uns d'eux ont dit clairement que la matière avoit été créée de rien, & ils ont défendu cette proposition par les raisons les plus solides. Plutarque rapportant les sentimens de Pythagore & de Platon, dit qu'ils croyoient que le monde (*a*) avoit été engendré ou produit par Dieu; que par sa nature il étoit corruptible, étant matériel & sensible; mais qu'il ne devoit cependant pas périr, étant digne de la providence divine de le conserver.

(*a*) Πυθαγόρας, ᾗ Πλάτων γενητὸν ὑπὸ Θεοῦ τὸν κόσμον. ᾗ φθαρτὸν μέν, ὅσον ἐπὶ τῇ φύσει, (αἰσθητὸν γὰρ εἶναι διὰ τὸ σωματικόν) ὐ μὴν φθαρησόμενον γε, προνοίᾳ, ᾗ συνοχῇ Θεοῦ. Pythagoras, & Plato mundum à Deo genitum, sive productum esse dixerunt, ac naturâ quidem suâ corruptibilem, cùm corporeus, adeòque sensibilis sit; non esse tamen interiturum, providentiâ, & sollicitudine Dei ipsum conservante. *Plutarch. de Placitis*, *l*. 2, *cap*. 4.

292. Platon, dans son Timée (a), a un passage admirable sur ce sujet : » tout ce

Passage de Platon, qui parle clairement de la création de la matière.

(a) Πᾶν δὲ αὖ τὸ γιγνόμενον, ὑπ' αἰτίου τινὸς ἐξ ἀνάγκης γίγνεσθαι. παντὶ γὰρ ἀδύνατον χωρὶς αἰτίας γένεσιν σχεῖν. Quidquid autem gignitur, ex aliquâ causâ gigni necesse est. Fieri enim nullo modo potest, ut quicquam sine causâ gignatur, aut fiat. *Plato in Timæo*, tom. 3, p. 28.

Ὁ δὴ πᾶς οὐρανὸς, ἢ κόσμος, ἢ καὶ ἄλλο ὅ,τι ποτὲ ὀνομαζόμενος μάλιστ' ἂν δέχοιτο, τοῦθ' ἡμῖν ὠνομάσθω. σκεπτέον οὖν δὴ περὶ αὐτοῦ πρῶτον, ὅπερ ὑπόκειται περὶ παντὸς ἐν ἀρχῇ δεῖν σκοπεῖν, πότερον ἦν ἀεὶ, γενέσεως ἀρχὴν ἔχων οὐδεμίαν, ἢ γέγονεν, ἀπ' ἀρχῆς τινος ἀρξάμενος· γέγονεν· ὁρατὸς γὰρ, ἁπτός τε ἐστι, καὶ σῶμα ἔχων. πάντα δὲ τὰ τοιαῦτα αἰσθητά· τὰ δ' αἰσθητὰ, δόξῃ περιληπτὰ μετὰ αἰσθήσεως, γιγνόμενα καὶ γεννητὰ ἐφάνη. τῷ δ' αὖ γενομένῳ φαμὲν ὑπ' αἰτίου τινὸς ἀνάγκην εἶναι γενέσθαι. τὸν μὲν οὖν ποιητὴν καὶ πατέρα τοῦδε τοῦ παντὸς εὑρεῖν τε ἔργον, καὶ εὑρόντα, εἰς πάντας ἀδύνατον λέγειν. Omne igitur cœlum, sive quovis alio vocabulo gaudet, hoc à nobis nuncupetur. De quo id primum consideremus, quod principio est in omni quæstione considerandum, semperne fuerit, nullo generatus ortu, an vero factus sit, & ab aliquo principio inceperit. Factus est, sive genitus. Quandoquidem cernitur, & tangitur, & corpus habet. Hujusmodi autem omnia sub sensum cadunt, & sensu comprehenduntur. Illa verò, opinione, sensûs ministerio, percipi possunt : atque

» qui est produit, dit-il, doit nécessaire-
» ment l'avoir été par une cause, sans la-
» quelle il est absolument impossible que
» quoi que ce soit puisse être produit. C'est
» pourquoi, ajoûte-t-il un peu après, si
» nous voulons examiner les choses, com-
» me elles doivent l'être, dans leur origine;
» & que nous cherchions si le monde a tou-
» jours été sans commencement, ou s'il a
» été produit dans un certain temps, nous
» comprendrons qu'il doit avoir été en-
» gendré, puisqu'il est visible, palpable &
» matériel, & qu'il tombe sous nos sens;
» car les choses de cette nature, qui peu-
» vent être apperçues par le ministere des
» sens, paroissent avoir été faites & engen-
» drées; & nous venons de dire, que tout
» ce qui a pris naissance doit nécessairement
» avoir été produit par quelque cause;
» mais il n'en est pas de même de celui qui

---

adeò & fieri illa perspicuum est & generata esse. Ei autem, quod natum est, diximus à caussâ aliquâ necessitatem nascendi tribui. Atque illum quidem quasi parentem hujus Universitatis invenire difficile: & quùm jam inveneris, indicare in vulgus nefas.

» est la cause & le créateur de tout : il est
» difficile de le concevoir ; & quand l'ima-
» gination pourroit y arriver, il est impos-
» sible de le décrire «.

293. Les sectateurs de Platon, qui ont expliqué l'opinion de leur maître sur ce dogme, n'ont pas laissé le moindre doute sur ce que je viens d'avancer (a) ; Atticus, cité par Eusebe, dit que Platon remonte à Dieu, comme à la source de tout ce qui existe ; & qu'il est le principe, le moyen & la fin de tout. *Atticus Platonicien confirme l'opinion de son maître.*

294. On trouve plusieurs passages dans le Timée & le Sophiste de Platon, desquels on peut conclure que ce grand philosophe pensoit que Dieu n'avoit pas formé le monde d'une matière éternelle, & *Examen de cette opinion de Platon, soutenue aussi par Hieroclès.*

―――――――――――

(a) Ὁ δὴ Πλάτων εἰς Θεὸν κỳ ἐκ Θεοῦ πάντα ἀνάπτει· φησὶ γδ αὐτὸν ἀρχήν τε κỳ μέσα κỳ τελευτὴν τῶν ὄντων ἁπάντων ἔχοντα, εὐθεῖα περαίνει περιπορευόμενον.

Plato ad Deum omnia revocat, ex eoque nectit omnia : docet enim illum ita rerum omnium principium, media, finemque complecti, ut recta semper easdem obeundo perficiat. *Atticus Platonicus apud Eusebium Præparation. Evangelic.* Lib. 15. cap. 5, p. 798. Edit. Paris. 1628.

qui eût existé avec lui dans tous les temps, *mais qu'il l'avoit tirée du néant par l'effet seul de sa volonté* : il dit dans le premier de ces Dialogues (*a*) : « l'exemplaire du monde » est de toute éternité ; & le monde, ce » monde visible est depuis le commence- » ment du temps, & il subsistera ainsi tou- » jours unique «. Dans un autre endroit (*b*), il appelle la matière une masse qui naît toujours & ne meurt jamais ; & quand il l'appelle éternelle, il veut dire qu'elle subsistoit intelligiblement dans l'idée éternelle de Dieu, qu'il dit le Pere, le Créateur, l'Ouvrier du monde. Comme Créateur il entend que Dieu a tiré ce monde du néant ; & comme Ouvrier, qu'il lui a donné l'ordre & l'arrangement. Hieroclès

---

(*a*) Τὸ μὲν γὰρ δὴ παράδειγμα, πάντα αἰῶνα ἐστὶν ὄν· ὁ δ' αὖ διὰ τέλους τ᾽ ἅπαντα χρόνον γεγονώς τε καὶ ὢν καὶ ἐσόμενος ἐστὶ μόνος. Nam illud exemplar per omne sæculum fuit ; mundus verò per omnes temporis terminos & fuit, & est, & erit, solus ipse, atque unus. *Plato in Timæo, tom.* 3, *pag.* 38. C.

(*b*) *Idem, pag.* 27. *Voyez aussi toute la page* 28 *&* 29.

nous eft un fûr garant de cette manière d'expliquer Platon fur ce fujet. Ce Platonicien célèbre, jaloux de la gloire de fon maître, fe plaint du défaut de jugement de quelques-uns de fes difciples qui lui faifoient tort en lui attribuant une opinion fur la production du monde, fi contraire à la faine raifon; il leur reproche *de n'avoir pas cru Dieu affez puiffant pour avoir créé le monde*, fans que la matière incréée, & par conféquent indépendante de lui, ait concouru à cette production; il obferve que le bon ordre fe trouve affez dans un être, lorfqu'il exifte éternellement par lui-même, & que par conféquent c'eût été en Dieu une diligence fuperflue que d'avoir voulu arranger ce qu'il n'avoit pas fait. Ne feroit-ce pas contre la nature, dit-il, de vouloir ajoûter quelque chofe à un être incréé, & fubfiftant par lui-même? & après avoir établi la création de la matière par un raifonnement auffi judicieux, il ajoûte que Platon (*a*) avoit cru que Dieu

---

(*a*) Ὅτι δημιουργὸν θεὸν, φησί, ἐπυφίςησιν ὁ Πλάτων ἐφεςῶτα πάσης ἐμφανοῦς τε κ᾽ ἀφανοῦς διακοσμήσεως,

avoit produit le monde visible & invisible, *en tirant la matière du néant, & que sa volonté seule suffisoit pour faire subsister tous les êtres.* Le passage de Platon, dans le Dialogue du Sophiste (*a*), est, en effet, des plus précis; il y parle » de la puissance » créatrice divine, qui donne l'existence

---

ἐκ μηδενὸς πρoϋποκειμένης γεγενημένης. ἀρκεῖν γὰρ τὸ ἐκείνου βούλημα εἰς ὑπόστασιν τῶν ὄντων.

Plato opificem Deum censuit sustinere omnem aspectabilem, & inaspectabilem mundum, nullâ priùs existente materiâ productum. Sufficere enim illius voluntatem ad sustinendum universum. *Photii Bibliothec. in Hieroclem de Providentiâ*, cod. 251, p. 1382.

Question. Alnetan. Huetii, p. 81, 82. Edit. *Venet. in*-4°.

(*a*) Effectricem illam artem universam diximus esse facultatem, 'quæ nimirùm causa extitit, *cur ea, qua priùs non essent, posteà existerent.*

Ποιητικὴν δύναμιν, ἥτις ἂν αἰτία γίγνηται τοῖς μὴ πρότερον οὖσιν ὕστερον γίγνεσθαι .... *Plato in Sophistâ*, tom. 1, p. 265. Pagin. integr. & paulò post: alione quopiam quàm à Deo Opifice dicemus posteà fieri, cum priùs non essent?

» aux choses qui n'existoient point aupara-
» vant, & qui a créé les animaux, les plan-
» tes, & toutes les choses animées &
» inanimées de ce monde, & il distingue
» même cette puissance créatrice divine,
» d'avec la force de la Nature, qui n'a que
» la faculté d'arranger suivant les loix qui
» lui ont été dictées par le créateur. «

295. Proclus, dans ses institutions théo- *Paroles de Proclus.*
logiques, a attribué (a) le même sentiment
à Platon, & dit lui-même, que *la matière
qui est le sujet de toutes choses, est elle-même
produite par l'auteur de toutes choses* ; & dans
son commentaire sur Timée, il appelle
Dieu l'auteur ineffable de la matière.

296. Je ne ne parle point ici de l'opi- *Ce qu'a cru Jamblique sur ce sujet, & ce qu'il dit des Égyptiens.*
nion de Jamblique, parce que, quoiqu'il

_____

(a) Τὸ ᾗ σῶμα καθ' αὑτό, εἰ κ, τοῦ ὄντος μετέχει ψυχῆς
ἀμέτοχόν ἐστιν. ἡ μὲν γὰρ ὕλη, ὑποκείμενον οὖσα πάντων
ἐκ τοῦ πάντων αἰτίου προῆλθε. Corpus verò per se, quamvis ipsius entis sit particeps, est animæ expers;
nam ipsa quidem materia, cùm sit subjectum omnium, ex omnium causâ prodiit. *Procli Institut.
Theol. cap.* 72. *pag.* 447.

Proclus in Timæum. ἄῤῥητος αἰτία τῆς ὕλης.

ait dit que les Égyptiens croyoient que la matière avoit été produite par Dieu, il s'expliquoit là-dessus d'une manière aussi dangereuse que pouvoit l'être l'opinion contraire; car il disoit qu'il n'étoit pas étonnant (*a*) que les Égyptiens enseignassent que la matière étoit pure & divine, puisqu'elle tiroit sa source du Pere & du Créateur de toutes choses; la faisant émaner ainsi de Dieu même, dont il disoit, qu'il avoit produit la matière en la séparant de son essentialité.

Autre passage tiré d'un ouvrage attribué à Aristote.

297. Je ne conclurai rien non plus d'un passage tiré d'un ouvrage attribué à Aristote, parce que je ne veux rien avancer

---

(*a*) Μὴ δή τις θαυμαζίτω ἐὰν καὶ ὕλην τινὰ καθαρὰν καὶ θείαν εἶναι λέγωμεν. ἀπὸ γὰρ τοῦ πατρὸς ἓ δημιεργοῦ ὅλων κỳ αὐτὴ γενομένη. Nec mirum cuiquam videatur, si & materiam aliquam puram, & divinam esse asseramus; nam ipsa cum ab Opifice, Patreque omnium facta sit. *Jamblicus de Mysteriis*, Sect. 5, cap. 23. pag. 138.

Ὕλην δὲ παρήγαγεν ὁ Θεὸς ἀπὸ τῆς ὑσιότητος ὑπoχισθείσης ὑλότητος. Materiam Deus produxit ex essentiâ dividendo materiam. *Id.* Sect. 8. cap. 3. pag. 159.

que sur des témoignages authentiques ; cependant cet ouvrage étant encore reçu par quelques Critiques, comme une production de ce philosophe Grec, je le rapporterai ci-dessous (*c*) ; mais je finirai par un passage de Claudianus Mamertus, lequel *cite Philolaüs comme ayant écrit, que Dieu avoit tiré la matière du néant* (*a*),

―――――――――――――――――――――――

Deus verò causarum omnium auctor est ; utpotè qui eas ex nihilo procreavit, intellectuque, ut communi formâ conclusit, quas pro temporis occasione educeret, aliquandò per medium, secundùm cujusque conditionem, & ordinem, nisi quod una est alterius interjecta causa. Deus igitur omnibus causis hoc præstat, ut & sint, & ex se res alias procreent ; tantùmque in procreando hoc differunt, quòd ipse alicujus causæ auctor est, sine ullâ aliâ interjectâ. *Aristotel. de secretiore parte divinæ sapientiæ secundùm Ægyptios, tom.* 2, *lib.* 3. *cap.* 2, *pag.* 1043.

(*a*) *Claudianus Mamertus in Biblioth. Patr. Tom. 6, de statu animæ. Lib.* 11, *c.* 3, *p.* 1059. & 1060. *A.* citat Philolaüm sic loquentem : Deus quidem ex nihilo fecit omnia, qui sicut opere instituit, ita materiam incorporavit rebus omnibus inter quas animâ censetur. Sicut distribuit pondus, numerum atque mensuram, ita posuit quantitatem. » Il

& l'avoit incorporée à toutes les choses exi-
stantes.

» semble que Philolaüs ait parlé le langage de l'Au-
» teur du Livre de la Sagesse, *cap.* 11, *v.* 21. Omnia in mensurâ, & numero & pondere disposuisti, Domine.

CHAPITRE V.

Du systéme de LEIBNITZ *sur l'Optimisme & l'origine du Mal.*

298. Deux questions ont de tout temps intéressé la religion & occupé les esprits de tous les philosophes, tant payens que chrétiens, je veux dire l'optimisme & l'origine du mal. La première a sur-tout pris une nouvelle forme entre les mains de M. de Leibnitz; la seconde & la plus importante, défendue aussi par le même philosophe célèbre, a paru triompher avec éclat & se présenter sous un air de nouveauté, revêtue de tous les secours que lui a fourni l'habile homme qui l'a reproduite de nos jours. Mais il est clair que les principes sur lesquels M. de Leibnitz appuie les argumens, dont il fait usage dans ces deux questions, ont été ébauchés par les Anciens, & que la sagacité & la subtilité de l'esprit de l'illustre Moderne lui ont fait adopter & développer ensuite ces principes, qu'il

Principes de Leibnitz sur l'optimisme & l'origine du mal, puisés chez les Anciens.

imagina si propres à servir la religion pour laquelle il a toujours témoigné le plus grand zèle.

<small>Optimisme dans Timée de Locres, Platon & Plutarque.</small>

299. Leibnitz conclut de la sagesse & de la bonté de Dieu que l'univers est un ouvrage parfait, ou le meilleur qui ait pu être produit par un être infiniment sage & infiniment bon; il soutient, avec beaucoup d'apparence de raison, que la suprême sagesse, jointe en Dieu à une bonté qui n'est pas moins infinie qu'elle, n'a pu manquer de le porter à choisir de donner l'existence à celui de tous les mondes possibles qui lui a paru le meilleur; & il entend par le meilleur, *celui dans lequel se trouve la plus grande mesure de bien* (a). Timée de Locres, célèbre Pythagoricien, a le premier [il me semble] fondé cette doctrine; il appelle Dieu la cause de tous les biens de la Nature, l'origine & la source du meilleur des mondes, ἀρχὴν τε τῶν ἀρίστων, *principium optimarum rerum optimum;* δημιουργὸς τῶ βελτίονος, *opifex melioris mundi* (b), Créateur du meil-

---

(a) *Leibnitz, Essais de Théodicée.*
(b) Ἀρχὴν τε τῶν ἀρίστων .... δημιουργὸς τῶ βελτίονος. Harum rerum, idest, naturæ bonorum,
leur

leur monde. Il dit que Dieu, ayant conçu le dessein de produire la plus parfaite de ses productions (*a*), fit ce monde que nous habitons, le plus parfait & le meilleur possible, puisqu'il tire son origine d'une cause infiniment sage & puissante ; enfin un monde dans lequel il n'y a rien à faire ou à corriger (*b*), ayant été créé sur les idées

---

optimum esse quoddam rerum optimarum principium, & Deum vocari...,.... antequàm igitur cœlum extaret, ratione erant forma, & materia, & quidem Deus ille erat melioris opifex. *Timæus Locrensis in Platone Serrani , tom. 3, pag. 93 & 94. C.*

(*a*) Δηλουμεν⊙ ὧν ἄριςον γέννᾱμα ποιεῖν, τῦτον ἐπίει. Cùm igitur Deus vellet pulcherrimum fœtum producere, hunc effecit, &c. *Ibidem, p. 94. E.*

(*b*) Διαμένει ἄρα, τοιόσδε ὢν, ἄφθαρτος κỳ ἀνώλεθρ⊙ κỳ μακάρ⊙. κράτιςος δ' ἐςὶ γενητῶν, ἐπεὶ ὑπὸ τῶ κρατίςω αἰτίω ἐγένετο, ἀφορῶντος ἐκ εἰς χειρόκματα παραδείγματα, ἀλλ' εἰς τὰν ἰδέαν κỳ ἐς τὰν νοητὰν οὐσίαν· καθ' ὥσπερ τὸ γενόμενον ἀπακριβωθὲν, κάλλιςόν τε κỳ ἀπεριχείρητον γίγνεται. Permanet igitur mundus constanter talis qualis creatus est à Deo, optimus rerum omnium, quandoquidem ab optimâ causâ extitit, proponente sibi, non exemplaria quædam manuum opificio edita, sed illam ideam, intelligibilemque

éternelles & divines, & suivant la suprême raison qui étoit de tout temps en lui. Platon, dont le dialogue intitulé *le Timée*, peut être considéré comme un Commentaire de l'ouvrage du célèbre Pythagoricien que je viens de citer; Platon, dis-je, a suivi ces mêmes sentimens. Il agite la question de sçavoir, si le monde est parfait, & si celui qui l'a formé est bon; & il décide que l'univers est le plus parfait ouvrage de la meilleure & de la plus excellente cause; créé suivant la raison & la sagesse éternelle (a); & un peu plus loin il dit, que l'être infiniment juste & bon *n'a pu manquer de*

---

essentiam, ad quam videlicet cùm res ipsæ exquisitâ quâdam ratione effectæ fuerint, pulcherrimæ extiterunt, & hujusmodi, ut novâ quâdam operâ emendari minimè debeant. *Ibidem.*

(a) Ὁ μὲν γὰρ κάλλιστος τῶν γεγονότων, ὁ δὲ ἄριστος τῶν αἰτίων· οὕτω δὴ γεγενημένος, πρὸς τὸ λόγῳ καὶ φρονήσει περιληπτόν. Mundus omnium rerum pulcherrimus, opifex omnium causarum optima, & præstantissima.... Mundus ad id effectus, quod ratione, sapientiâque comprehenditur. *Timæus Platonis, pag. 29.*

choisir le meilleur (a). Leibnitz a appuyé son système de plusieurs argumens, comme par exemple: que souvent un mal cause un bien auquel on ne seroit point arrivé sans ce mal; que souvent même deux maux font un grand bien; qu'une dissonance placée à propos donne du relief à l'harmonie; qu'on ne goûte pas la douceur de la santé, sans avoir été malade; & qu'un peu de mal est souvent nécessaire pour nous rendre le bien sensible, c'est-à-dire plus grand; & c'est ce qui se trouve répandu dans plusieurs ouvrages de Platon, Plutarque, Aulu-Gelle, & autres Anciens qui ont traité la même question. Platon, dans son Dialogue *de l'immortalité de l'ame*, fait dire à Socrate dans sa prison, que le plaisir & la douleur s'accordent merveilleusement ensemble & se rencontrent souvent dans un même sujet, & que si quelqu'un éprouve l'un des deux, il faut pres-

―――――――――――――――――――
(a) Θέμις δὲ οὔτ' ἦν οὔτ' ἔςι τῷ ἀρίςῳ δρᾷν ἄλλο πλὴν τὸ κάλλιςον. Fas autem nec est, nec unquàm fuit, quicquam nisi pulcherrimè facere eum, qui sit optimus. *Timæus Platonis*, p. 30. B.

P ij

que toujours qu'il ait auſſi néceſſairement l'autre, comme ſi ces choſes étoient liées naturellement ; & il applique cette maxime au cas où il ſe trouvoit lorſqu'on lui ôta les fers qu'il avoit aux pieds ; & aſſure ſes amis que la douleur que la chaîne lui avoit fait ſouffrir à la jambe, étoit ſuivie d'un très-grand plaiſir (*a*). Un autre Auteur dit auſſi que deux poiſons ſagement adminiſtrés ſouvent produiſent un heureux effet.

Si fata volunt, bina venena juvant.

Plutarque a dit, que dans un tableau, on doit faire ſervir les ombres à rehauſſer les couleurs ; que l'harmonie eſt compoſée de choſes contraires ; qu'il en eſt des choſes du monde comme dans la muſique, où les voix hautes & baſſes, les tons graves &

(*a*) Quàm, inquit, abſurdum id videtur, quod homines jucundum vocant ! quàm verò mirè comparata eſt jucundi natura, ut jucundo contrarium eſſe perſpiciatur ; quòd videlicet utrumque homini unà adeſſe nolit ! Quòd ſi quis alterum perſequatur, & capiat, cogatur ferè & alterum capere, quaſi uno capite ambo apta contineantur. *Plato in. Phædone,* pag. 60. B.

aigus, mêlés avec art, forment une harmonie parfaite; & il cite là-dessus Euripide, qui avoit dit que le bien n'étoit jamais séparé du mal (*a*).

300. Monsieur Leibnitz voulant aussi re-

Leibnitz sur l'origine du mal a suivi Platon & sur tout Chrysippe.

─────────────

(*a*) Oportet autem sicut in tabulâ colorem, ita in animo rerum eas, quæ maximè nitent, ac splendent, proponere, iisque tetrica obscurare, & opprimere, quandoquidem omninò deleri, & amoveri non possunt. Ut enim lyræ, aut arcûs nervi, ita mundi quoque concentus vicissitudine quâdam intenditur, ac remittitur : & in rebus humanis nihil sinceri, nihil puri est. Sed quemadmodùm in musicâ soni sunt & graves, & acuti, & in grammaticâ literæ cùm vocales, tùm mutæ ; musicus autem, & grammaticus est qui alterum genus molestè fert, atque fugit, sed qui omnia usurpare, & permiscere arte suâ potest ; ita in rebus quoque humanis cùm sint oppositi invicem ordines, quandò, ut est apud Euripidem :

   Sejungier non possunt à bonis mala :
   Sed est eorum, ut res habeant satis benè,
   Commixtio quædam ;

non debemus in altero animum, & dolorem despondere : verùm harmonicos imitari, & melioribus deteriora obscurando, ac mala bonis occupando, concinnum vitæ, nobisque conveniens temperamentum conficere. *Plut. de animi tranquillit. t. 2. pag. 473. F. & 474.*

monter à la cause ou à l'origine du mal, dit qu'elle doit être cherchée dans la nature idéale de ce qui est créé, & qu'il faut considérer qu'il y a une imperfection originelle dans la créature, parce qu'elle est limitée essentiellement ; il dit que le formel du mal n'a point de cause efficiente, mais consiste dans la privation ; que Dieu veut tout le bien en soi, *antécédemment*, mais qu'il ne veut que permettre le mal moral, en tant qu'il se trouve lié par une nécessité hypothétique au meilleur ; & ce sont encore là les mêmes raisons avec lesquelles les Anciens appuyoient leur opinion. Platon traitant de la création du monde, & recherchant la raison qui avoit pu porter Dieu à lui donner l'existence, pose pour principe que Dieu est la bonté même ; que par conséquent il a voulu faire toutes choses semblables à lui ; & il ajoûte que *Dieu vouloit que tout fût bien, & qu'il n'y eût rien de mal, autant cependant qu'il étoit possible que cela pût être dans la nature des choses* (a). Dans un autre endroit le mê-

---

(a) Bonitate videlicet præstabat ; in bonum au-

me philosophe dit, que Dieu est l'auteur du bien, mais qu'il faut chercher une autre cause du mal que lui (*a*); Simplicius, dans son Commentaire sur Epictete, dit que le mal n'a rien de formel (*b*); Sallustius le Cynique, que le mal n'est autre chose que l'absence du bien; de sorte qu'il ne le regarde pas comme quelque chose de positif, mais seulement comme une priva-

---

tem nulla de ullâ unquàm re cadit invidia. Quùm ab illâ igitur liber, & immunis esset, omnia voluit quàm maximè sui similia generari. Hanc gignendi mundi principem, primariamque causam qui è sapientum hominum sententiâ statuerit, rectissimè profectò statuerit. Nam cùm constituisset Deus bonis omnibus expleri mundum, *mali nihil admiscere*, quoad naturæ pateretur. Βουληθεὶς γὰρ ὁ θεὸς ἀγαθὰ μὲν πάντα, φλαῦρον δὲ μηδὲν εἶναι κατὰ δύναμιν, &c. *Platonis Timæus*, pag. 29, 30.

(*a*) Καὶ τῶν μὲν ἀγαθῶν οὐδένα ἄλλον αἰτιατέον, τῶν δὲ κακῶν ἄλλ' ἄττα δεῖ ζητεῖν τὰ αἴτια, ἀλλ' οὐ τὸν θεόν. Bonarum quidem rerum nulla alia: malarum autem aliæ quæpiam causæ investigandæ sunt; sed nullo modo Deus mali auctor existimandus est. *Plato de Repub. Lib.* 2, pag. 379. D.

(*b*) Οὐδὲ κακοῦ φύσιν ἐν κόσμῳ εἶναι. *Simplicius in Epictetum*, p. 162.

P i v

tion (*a*). Platon fait dire à Socrate, qu'il est impossible que le mal soit entièrement banni du monde; que le mal n'habite point parmi les Dieux, mais qu'il accompagne nécessairement les créatures, & que ce n'est qu'en s'efforçant de ressembler aux Dieux, que l'on peut en quelque façon s'en garantir (*b*). Mais sur-tout Chrysippe paroît avoir fourni à Leibnitz toute l'idée de son système sur l'origine du mal; du moins il est contenu dans un passage que nous a conservé Aulu-Gelle, & tiré d'un ouvrage de ce fameux Stoïcien sur la Providence. Dans cet ouvrage il examine entre autres

---

(*a*) Κατὰ φύσις οὐκ ἴσις, ἀπόσια δὲ ἀγαθῶ γίνεται. *Sallust. de Diis, & mundo*, c. 12, p. 266.

(*b*) At fieri non potest, ut ex hominum societate mala funditùs expellantur. Malum tamen inter Deos locum habere minimè putandum est: mortalem autem naturam, & hæc nostra loca necessariò ambit, & circumvagatur. Quamobrem danda est opera, ut hinc illùc quàm celerrimè fugiamus. Fuga autem est, ut Deo quàm proximè fieri poterit assimilemur, atque conformemur. ἀλλ' οὔτ' ἀπολέσθαι τὰ κακὰ δυνατόν. *Plato in Theæteto*, pag. 176. A. B.

questions celle-ci : » Si la providence, qui
» a fait le monde & le genre humain, a
» aussi fait les maladies auxquelles les hom-
» mes sont sujets ; il soutient qu'il n'y a
» rien de plus absurde que de penser que
» le bien eût pu être dans le monde sans un
» mélange du mal ; il dit que le mal sert à
» nous faire connoître le bien, comme l'in-
» justice à faire connoître la justice, & les
» vices à donner de l'éclat aux vertus con-
» traires «; il croit que le principal dessein
de la providence n'a pas été de rendre les
hommes sujets aux maladies ; que cela ne
fût point convenu à l'Auteur de la Nature,
& la cause de tous les biens ; mais que
préparant & créant plusieurs grandes choses, très-bien ordonnées, & très-utiles,
il trouva qu'il en résultoit quelques inconvéniens, suites nécessaires de la création (a),

___

(a) Idem Chrysippus in eodem libro tractat, con-
sideratque, dignumque esse id quæri putat, *ti ai
τᾶν ἀνθρώπων νόσοι κατὰ φύσιν γίνονται*, idest, naturane
ipsa rerum vel providentia, quæ compagem hanc
mundi, & genus hominum, fecit, morbos quoque,
& debilitates, & ægritudines corporum, quas pa-

& qui n'ont existé que comme des conséquences. »Par exemple, continue-t-il,
» pour la formation du corps humain, la rai-
» son la plus ingénieuse & l'utilité même
» de l'ouvrage demandoit que la tête fût
» composée d'un tissu d'ossemens minces &

---

tiuntur homines, fecerit? Existimat autem non fuisse hoc principale naturæ consilium, ut faceret homines morbis obnoxios : nunquàm enim hoc convenisse naturæ auctori, parentique rerum omnium bonarum. Sed quùm multa, inquit, atque magna gigneret, pareretque aptissima, & utilissima, alia quoque simul agnata sunt incommoda iis ipsis, quæ faciebat, cohærentia : eaque non per naturam; sed per sequelas quasdam necessarias facta dicit, quod ipse appellat, κατὰ παρακολούθησιν. Sicut, inquit, quùm corpora hominum natura fingeret, ratio subtilior, & utilitas ipsa operis postulavit, ut tenuissimis, minutisque ossiculis caput compingeret. Sed hanc utilitatem rei majoris alia quædam incommoditas extrinsecùs consecuta est; ut fieret caput tenuiter munitum, & ictibus, offensionibusque parvis fragile. Proindè morbi quoque, & ægritudines partæ sunt, dùm salus paritur. Sic herclè, inquit, dum virtus hominibus per consilium naturæ gignitur, vitia ibidem per affinitatem contrariam nata sunt.

» déliés; mais par-là elle devoit avoir l'in-
» commodité de ne pouvoir résister aux
» coups: ainsi l'Auteur de la Nature, en pré-
» parant la santé, laissoit les sources des ma-
» ladies ouvertes. Il en est de même à l'é-
» gard de la vertu : le dessein de la Provi-
» dence a été de l'introduire directement
» chez les hommes; mais par une affinité
» contraire, les vices s'y sont introduits en
» même temps «.

CHAPITRE VI.

Péché originel connu des anciens Philosophes.

Comment les philosophes Payens sont parvenus à la connoissance du péché originel.

301. Il paroîtra peut-être étonnant que les anciens philosophes aient eu, sans le secours de la révélation, quelque connoissance de la source du péché originel dans l'homme ; cependant il est hors de doute qu'ils ont entrevu ce mystere, lequel ne pouvoit être saisi que par des esprits attentifs & profonds; & que plusieurs en ont même parlé avec une clarté frappante, & propre à répandre du jour sur cette matière. Soit que la considération de la misère de l'homme ici-bas les fît penser que sous un Dieu juste cet état devoit être la peine due au péché, ou qu'une réflexion assez naturelle sur l'imperfection nécessaire dans les choses créées, les portât à chercher la source du péché dans la condition de la créature ; il est certain qu'ils enseignerent cette doctrine directement dans leurs discours & leurs écrits ; & leurs sen-

timens sur *la dégradation de l'ame, la faculté* qu'ils lui attribuoient *de se rappeller les idées de ce qu'elle avoit autrefois appris dans le sein de Dieu, & sa prison actuelle dans le corps*, étoient des conséquences déduites naturellement du dogme du péché originel, dont ils voyoient les effets, & dont ils cherchoient en tâtonnant la cause.

302. Celui de tous les philosophes payens qui a traité le plus distinctement ce sujet est sans doute Platon. Parlant du vice inhérent en la nature humaine, il dit (*a*), » qu'autrefois ce qui participe en nous de » la nature divine, avoit pendant un temps » conservé toute sa vigueur & sa dignité, » mais qu'ayant été mêlée à une substance » sensuelle & corruptible, l'inclination vi-

<small>Platon a été plus loin qu'aucun autre dans cette matière.</small>

_____

(*a*) Divinam naturam olim in hominibus viguisse; eâque tandem τῇ θνητῇ commixtâ, ἀνθρωπίνου ἤθους ἐπικρατοῦντος, humanam consuetudinem prævaluisse, ad pestem, perniciemque generis humani, & ex eo fonte omnia mala in homines inundasse. Plato in Critiâ, argum. p. 106. & p. 121 *ad finem Dialogi.*

» cieuse de l'homme mortel avoit enfin
» pris le dessus, au grand préjudice du
» genre humain, & que de-là tous les
» maux qui ont depuis affligé l'homme,
» avoient tiré leur origine «. Dans un autre
endroit il dit (a) : que le *mal est enraciné
dans l'ame de l'homme*, lequel est par-là
porté à s'y complaire, & à s'engager tellement dans sa poursuite, qu'il ne peut
plus s'en détacher. Et un peu plus haut il
s'exprime à-peu-près de même, en disant :
que le mal est né avec l'homme (b). L'Auteur
des définitions attribuées à Platon, Speusippe, disciple de ce grand philosophe,
appelle ce vice de la Nature κακοφυία, *malignité dans la Nature*; le péché de celui qui est

---

(a) Πάντων δὲ μέγιστον κακὸν, ἀνθρώποις τοῖς πολλοῖς ἔμφυτον ἐν ταῖς ψυχαῖς ἐστιν· ὃ πᾶς ἑαυτῷ συγγνώμην ἔχων, ἀποφυγὴν οὐδεμίαν μηχανᾶται. Omnium verò maximum quoddam malum in multorum hominum animis est, ἔμφυτον, ingenitum : in quo quùm sibi indulgeant, remedium quo sese ab illo liberent, expedire nullo modo possunt. *Idem, tom. 2. leg. 5. pag.* 731. E.

(b) Σχεδὸν ξύμφυτον ἑκάστῳ κακὸν καὶ νόσημα, **malum esse congenitum**. *Plato, loc. suprà citato.*

dans l'état de nature, ou la maladie de l'ame dans l'état naturel (a).

303. Timée de Locres, Pythagoricien, explique ainsi ce penchant invincible au mal : » Nous apportons, dit-il, le vice de » notre nature de nos ancêtres; ce qui fait » que nous ne pouvons jamais nous défaire » de ces vicieuses inclinations qui nous font » tomber dans le défaut primitif de nos » premiers parens « (b).

Sentiment de Timée sur le vice de la nature humaine.

304. Platon considérant les conséquences qui devoient avoir résulté de la chûte de l'homme (c), » pensoit que *sa nature & sa condition en étoient devenues pires*, & que » le genre humain, ayant été par-là livré

Etat de l'homme suivant Platon, après le péché originel.

___

(a) *Defin. Platon. Tom.* 3. 416. *lin.* 21 & *seq.*

(b) Vitiositas verò à parentibus nostris & elementis potiùs oritur quàm ex incuriâ & publicorum morum intemperie : ut ab illis actionibus quæ nos ad primævas illas parentum nostrorum labes adducunt, numquàm abscedamus. *De naturâ mundi* Plat. oper. tom. 3, *pag.* 103.

(c) Quòd commutata esset in pejus hominum natura & conditio, atque gravissimæ intemperies grassarentur, in genere humano : αυτοὶ δὲ ἀσθενεῖς ἄνθρωποι καὶ ἀφύλακτοι γεγο]ες, διη aζοντο υπ' αυτῶν, infirmi homines & custodiâ orbati, ab illis belluis

» en proie à toutes sortes de calamités, » s'étoit trouvé dans un état de foiblesse & » d'impuissance qui le rendoit incapable de » s'affranchir de sa misère ». Avec Pytha- » gore, il nommoit aussi cet état de l'homme *une mort spirituelle & morale (a)*, & regardoit le corps comme le *sépulchre* ou *la prison de l'ame*; & pour mieux confirmer cette opinion, il dérivoit le mot σῶμα, *corps*, de σῆμα, *tombeau*; tantôt envisageant notre corps comme le tombeau de l'ame, ou le traitant de *prison*, lorsqu'il considéroit l'ame livrée à l'esclavage du péché (b). Et dans le Dialogue de *Phèdon*, » il compare

---

(*videlicet pravis cupiditatibus*) passim dilaniabantur; & *concludit* : ἐκ τούτων πάντων ἐν μεγάλαις ἀπορίαις ᾖσαν, propter has causas in summum discrimen atque penuriam illorum redactæ res sunt. i. e. propter illam ἀταξίας seu vitiositatis luem.

(a) Ἔγωγε ἤκουσα τῶν σοφῶν, ὡς νῦν μὲν τεθνάμεν· καὶ τὸ μὲν σῶμά ἐστιν ἡμῖν σῆμα : illud enim à sapientibus audivi, nos nunc mori, & nostrum σῶμα (id est corpus) esse σῆμα · *Plato, t. 1. Gorgias*, p. 493, 494.

(b) *Plat. ibid. Vid. & Steuch. Eugub. de peren. Philos. L. 9, cap. 1, & Stillingfleet, Origin. Sacr. Lib. 3, c. 3. Sect. 17.*

» l'ame

» l'ame à un char aîlé, qui dans son état de
» perfection prenoit son essor jusques vers
» l'Empyrée; mais étant déchue ensuite de
» cet état, perdit ses aîles, & resta pri-
» sonniere sous la tyrannie des passions il-
» licites « (a).

305. Ce génie sublime reconnoissoit aussi une contagion universelle, ou une corruption diffuse dans toute la nature de l'homme, dans son entendement, sa volonté & ses affections. Il conclut l'admirable allégorie, par laquelle il commence le septième livre de sa république, en disant que *l'œil de l'ame étoit plongé dans le gouffre barbare d'une ignorance profonde*; il appelle la connoissance que nous avons des choses, un *jour ténébreux* (b); il dit: » que la vérité
» est la nourriture propre, & le ressort na-
» turel de l'homme, & se plaint de ce que
» ce précieux thrésor a été jadis corrompu
» dans son chef dès sa naissance (c). « Or

Contagion universelle; suite du péché originel selon Platon & sentimen de quelques autres Anciens.

(a) Plat. Phædr. pag. 245.
(b) Idem. Rep. 7, p. 521. Ignorantiam appellat: νυκτερινὴν ἡμέραν, nocturnam diem.
(c) Confitetur naturam nostram *in capite olim*

l'on ne peut pas concevoir ce que Platon auroit entendu ici par *ce chef*, s'il n'eût voulu parler du premier homme. Il parle aussi avec beaucoup de précision de l'irrégularité de nos affections, il en indique la cause dans notre amour-propre qu'il appelle *le tyran du genre humain* (a). Son disciple Aristote concevoit de même qu'*il y avoit quelque chose en l'homme qui répugnoit naturellement à la raison, la combattoit & l'en faisoit écarter* (b). Ce que Tullius, cité par S. Augustin, appuie, en disant que *l'hom-*

à primâ generatione corruptam esse ; ἐν τῇ κεφάλη διεφθαρμένω περι την γέννησιν. *Plato in Timæo*, p. 90, tom. 3.

(a) Τυραννικὸς ἐν αὐτῷ ὁ Ἔρως ἐν πάσῃ ἀναισχία καὶ ἀνομία ζῶν. *Plato. Rep. Lib. 7*, p. 513, *& Lib. 9*; *pag*. 575.

(b) *Arist. Ethic. L. 1*, c. 13. agnoscit esse in nobis aliquid πεφυκὸς ἀντιβαῖνον τῷ λογῷ, naturaliter rationi repugnans. Verba sunt hæc : ἔδει ἤπιον καὶ ἐν τῇ ψυχῇ νεμισέον εἰναί τι παρὰ τὸν λόγον, ἐναντιούμενον τέτω καὶ ἀντιβαῖνον. Nihilominùs autem fortassè existimare debemus, in animo quoque aliquid inesse, quod à ratione sit devium, eique adversetur & repugnet.

me est né avec une inclination naturelle au mal (*a*). Il est encore remarquable que la même force de raisonnement qui faisoit pénétrer Platon dans ce grand mystère, sembloit le porter à songer au remède que Dieu ne pouvoit avoir manqué d'appliquer au mal : il dit » qu'après la dégéné-
» ration du siècle d'or, l'univers eût été
» dissous par la confusion qui s'étoit intro-
» duite par le péché, si Dieu n'eût daigné
» prendre encore le soin de le soutenir, le
» gouverner & *le rétablir dans son premier*
» *ordre* « (*b*).

(*a*) *Aug. Lib.* 4 contra Julian. probat ex Tullio hominem editum animo ad libidines pronum.

(*b*) Deus ille hujus ordinis parens & auctor, cernens mundum in tantas angustias conjectum, sollicitus ne tumultu jam turbulento fluctuans dissolveretur, & in locum dissimilitudinis infinitum mergeretur, rursùm mundi gubernacula repetit, & iis sollicitè insidet, ægrotasque atque dissolutas partes & quasi luxatas, ad pristinum circuitum revocatas, ornat atque emendat. *Plat. Politic.* p. 251. *in argumens.* & 273. D.

CONCLUSION.

Les Anciens ont précédé les Modernes dans les vérités les plus importantes.

306. Nous venons de voir, que dans presque toutes les vérités importantes, les Anciens ont précédé les Modernes, ou du moins qu'ils ont indiqué, ou frayé le chemin à leurs découvertes; il paroît même que ceux-ci n'ont pas toujours eu le désintéressement de déclarer quels étoient les guides qu'ils avoient suivis pour arriver à leur but. Sur quoi il est bon de remarquer, que lorsque ces mêmes philosophes ont vu leurs opinions attaquées, ou lorsqu'ils ont craint qu'elles ne le fussent, ils se sont appuyés de l'autorité de ces grands hommes pour imposer silence à l'envie & à la calomnie. Descartes, Mallebranche & quelques Newtoniens nous en fournissent des exemples.

Preuve de cette assertion.

Le premier, à la fin de ses principes de philosophie (*a*), prévient le lecteur qu'il

―――――――――――

(*a*) *Cartesii Princip. Philosophiæ*, part. IV, pag. 200 & 202.

n'a rien avancé que d'après Aristote, Démocrite & plusieurs autres philosophes de l'Antiquité. Mallebranche voyant son système sur les idées accusé de fausseté, & d'être capable de favoriser l'impiété, chercha aussi-tôt à l'appuyer de l'autorité de S. Augustin (a). Et quelques Newtoniens, voyant que l'attraction étoit regardée comme une chimère, ont tenté de prouver ensuite que les Anciens l'avoient connue & enseignée (b); croyant par-là lui donner plus de cours. Les uns ont voulu prévenir en faveur de leur système, en s'appuyant de l'autorité des Anciens; les autres se voyant attaqués ont cherché des protecteurs parmi ces philosophes; d'autres encore, craignant d'avoir de la peine à se soutenir, ont mieux aimé renoncer à la gloire de l'invention, que d'abandonner entièrement leurs idées favorites à la poursuite de leurs adversaires; & en ont retracé l'origine de plus haut, pour les mettre hors de l'attein-

---

(a) *Mallebranche, Entretiens sur la Métaphysique. Paris,* 1732, *in-*8. *à la Préface.*
(b) *Gregor. Astr. Phys. & Geom. Elem. Pref.*

te des Modernes. Et il s'en est aussi trouvé quelques-uns qui se voyant sûrs du succès de certaines opinions hazardées, sans avoir indiqué les sources où elles étoient puisées, les ont laissé prendre cours sous leur nom, & ne les voyant point restituées par la voix publique à leur propre Auteur, ont joui tacitement d'une gloire empruntée, les uns souvent avec connoissance de cause, & d'autres, quoiqu'en petit nombre, dans la bonne foi.

Récapitulation des choses traitées dans la première partie.

307. Le peu que nous avons dit de Descartes, Locke & Mallebranche, suffit pour autoriser ce que l'on avance ici. Descartes n'a point désigné les Auteurs d'où il avoit tiré ses idées particulieres; il a dit seulement, en général, & d'une manière vague, que les plus grands philosophes de l'Antiquité avoient pensé comme lui (a).

_____

(a) Nec me etiam primum ullarum inventorem esse jacto, sed tantùm me numquàm illas pro meis adoptasse, vel quòd ab aliis priùs receptæ fuissent, vel quòd non fuissent; verùm unicam hanc ob causam quòd mihi eas ratio persuasisset. *Descartes, de Methodo*, pag. 47, tom. 1.

CONCLUSION.

Locke a passé pour original, quoique ses principes soient les mêmes que ceux d'Aristote, & ses divisions celles qu'employoient les Stoïciens (*a*). Mallebranche n'a point déclaré d'abord que son opinion sur les idées eût été celle des Chaldéens, de Parmenide, de Platon & de S. Augustin; mais lorsqu'il s'est vu attaqué vivement par ses adversaires, il s'est armé contre les philosophes du bouclier de Platon, & il a fait intervenir l'autorité de S. Augustin pour arrêter les poursuites des Théologiens (*b*). C'est aussi à tort que l'on a attribué à Descartes la gloire d'avoir le premier distingué clairement les propriétés de l'esprit d'avec celles du corps, & d'avoir démontré que les qualités sensibles n'existoient point dans les objets, mais dans l'ame qui les apperçoit: nous avons vu qu'il avoit été précédé en cela par Leucippe, Démocrite, Platon, Straton, Aristippe, Plutarque & Sextus Empiricus (*c*).

(*a*) Part. 1. chap. 1 de cet Ouvrage.
(*b*) Part. 1. chap. 2.
(*c*) Part. 1. chap. 3.

CONCLUSION.

Récapitulation de la seconde Partie.

308. Leibnitz a non-seulement fait revivre les Monades de Pythagore; mais il a employé encore les mêmes argumens dont se servoient les Pythagoriciens, pour démontrer la nécessité d'admettre l'existence des êtres simples, antérieure à celle des composés, & comme le fondement de l'existence des corps (*a*). M. de Buffon a cité quelquefois Aristote & Hippocrate, mais non pas lorsqu'il a été question du fond de son système, que l'on a toujours cru nouveau, & qui paroît cependant avoir le plus grand rapport avec celui d'Anaxagore, Empédocle & Plotin (*b*). Les principes actifs, & les agens simples qui produisent tout dans la Nature, forment un système que Pythagore, Platon & Epicure avoient exposé avant M. Needham (*c*). La philosophie corpusculaire de Gassendi & des Newtoniens n'est autre chose que celle de Moschus, Leucippe, Démocrite

---

(*a*) *Part.* 2. *chap.* 1.
(*b*) *Part.* 2. *chap.* 2.
(*c*) *Part.* 2. *chap.* 3.

CONCLUSION. 249

& Epicure (*a*). L'accélération du mouvement a été connue d'Aristote, & la manière la plus satisfaisante de rendre compte de la cause de cet effet est encore celle qu'employoit ce philosophe (*b*). Lucrèce avoit déja dit avant Galilée que les corps les plus inégaux en pesanteur, comme le duvet & l'or, devroient tomber avec une égale vitesse dans le vuide (*c*). La pesanteur universelle, la force de gravité, les forces centripètes & centrifuges ont été clairement indiquées dans Anaxagore, Platon, Aristote, Plutarque & Lucrèce (*d*). Nous avons vu aussi que sans télescopes, Démocrite & Phavorinus avoient eu des idées justes sur la voie lactée, & avoient annoncé la découverte des Satellites (*e*) : que la pluralité des mondes & les tourbillons avoient été enseignés avec toute la clarté & la précision possibles parmi les An-

---

(*a*) Part. 2. chap. 4.
(*b*) Part. 2. chap. 5.
(*c*) Part. 2. chap. 5.
(*d*) Part. 2. chap. 6.
(*e*) Part. 2. chap. 7.

ciens (*a*) : que Platon avoit eu des idées assez nettes de la théorie des couleurs (*b*). Nous avons vu que deux mille ans avant Copernic, Pythagore avoit proposé son système, & que Platon, Aristarque & plusieurs autres, l'avoient admis, & que ces mêmes philosophes avoient aussi admis sans peine l'opinion des Antipodes, si raisonnable (*c*), & qui a cependant eu tant de peine à s'établir parmi nous. Les révolutions des planètes sur elles-mêmes, ont été aussi connues des écoles de Pythagore, & de Platon (*d*). Les comètes n'ont fourni rien de nouveau à dire aux Modernes sur leur retour, leur nature & leur cours; les Chaldéens, les Égyptiens, Pythagore, Démocrite, Hippocrate de Chio, Artémidore & Sénèque avoient déja épuisé la théorie de cette matière, que les Modernes, il est vrai, ont ensuite démontrée plus clairement (*e*). Les montagnes, les vallées &

(*a*) Part. 2. chap. 7.
(*b*) Part. 2. chap. 7.
(*c*) Part. 2. chap. 8.
(*d*) Part. 2. chap. 9.
(*e*) Part. 2. chap. 10.

CONCLUSION. 251

les habitans dans la lune avoient été fuppofés par Orphée, Pythagore, Anaxagore & Démocrite (a).

309. Ariftote a connu la pefanteur de l'air; Sénèque a parlè de fon reffort & de fon élafticité (b). Leucippe, Chryfippe, Ariftophane, & tous les Stoïciens avoient épuifé le fujet de la caufe du tonnerre & des tremblemens de terre (c). Pythéas & Séleucus d'Erythrée ont précédé Defcartes dans fon explication de la caufe du flux & reflux de la mer; & Pline avant le Chevalier Newton en avoit attribué la caufe aux forces combinées du foleil & de la lune (d).

Récapitulation de la troifième Partie.

310. On a auffi vu qu'Hippocrate & Platon avoient connu la circulation du fang (e), & que Ruffus avoit décrit, il y a 1600 ans, les *parafiates variqueux* que l'on appelle *trompes de Fallope* (f). On a vu que le fentiment de Harvey, de Sténon & de

Suite de récapitulation de la troifième Partie.

―――――――――――――――――――――

(a) Part. 2. chap. 11.
(b) Part. 3. chap. 1.
(c) Part. 3. chap. 2.
(d) Part. 3. chap. 2.
(e) Part. 3. chap. 3.
(f) Part. 3. chap. 3.

Rédi sur la génération par les œufs (a); avoit été renouvellé d'Hippocrate, Empédocle, Aristote & Macrobe; que celui de Hartsoëker & de Leuwenhoek sur les vers spermatiques & les animalcules se trouve dans Aristote, Hippocrate, Platon, Lactance & Plutarque (b). Et le système sexuel des Plantes, dont on fait le principal mérite de la découverte à Morland, Grew, Vaillant & Linnæus, est précisément exposé dans Empédocle, Théophraste, Pline & Diodore de Sicile (c).

Suite de la récapitulation de la troisième Partie.

311. Quoique nous ne nous soyons pas arrêtés long-temps sur les Mathématiques & la Géométrie, nous avons cependant fait voir que les plus belles découvertes dans ces sciences ont été faites par les Anciens; tous les Géomètres Anglois, suivis de Leibnitz & de Wolf (d), conviennent

---

(a) Part. 3. chap. 4.
(b) Part. 3. chap. 4.
(c) Part. 3. chap. 5.
(d) *Wolf. Elem. Mathem. tom.* 3, *ch.* 3. *art.* 8, *p.* 27. » convient d'avoir tenté en vain de substi-
» tuer à l'enchaînement des propositions d'Euclide
» un autre aussi ferme & aussi solide.

que malgré les tentatives faites par les plus habiles Géomètres des derniers siècles, la méthode d'Euclide est encore la plus rigoureuse & la plus parfaite : nous voyons que les problêmes les plus difficiles dans ces sciences ont été résolus par Thalès, Pythagore, Platon, Archimède, Apollonius, &c; nous avons vu que leurs productions dans la Méchanique ont été portées à un point qui a surpassé même la conception de nos plus illustres sçavans : les miroirs ardens d'Archimède nous en ont fourni un exemple (*a*). En mettant sous les yeux du lecteur une esquisse de tous les ouvrages admirables des Anciens en Architecture, & dans l'art de faire la guerre, nous avons aussi donné des preuves qu'ils

---

Voyez Montucla, *Hist. des Mathémat. tom.* 1, *pag.* 217 & 218. Les paroles de Wolfius sont ainsi : Euclidis Elementis palmam adhuc meritò tribuendam esse... sed nunquàm hoc fieri potuisse, nisi quædam assumerem demonstratione, quæ essent demonstranda, vel in demonstrando, ac definiendo admitterem, confusè tantummodò percepta.

(*a*) *Part.* 3. *chap.* 8.

n'étoient pas moins habiles dans les arts que dans les sciences (*a*) ; de sorte qu'il n'est aucune partie de nos connoissances dans lesquelles les Anciens ne nous aient devancés, servi de guide, ou surpassés.

Récapitulation de la quatrième Partie.

312. Il est un autre genre de vérités que je ne mets point au rang des découvertes, parce que les Modernes mêmes ne se flattent pas de les avoir trouvées, & qu'ils reconnoissent en devoir la connoissance à la Religion chrétienne : telles sont l'existence de Dieu, l'immortalité & la spiritualité de l'ame, la création du monde & de la matière, & enfin l'origine du mal. Mais quoique l'on convienne que la Religion chrétienne a beaucoup contribué à perfectionner en nous ces connoissances, il n'est pas raisonnable de soutenir que les Anciens ne les aient pas eues ; & il me semble au contraire avoir démontré qu'ils avoient connu parfaitement ces principaux dogmes. On ne peut pas parler plus noblement & plus sublimement de Dieu & de

---

(*a*) *Part.* 3. *chap.* 9. 10 & 11.

CONCLUSION. 255

l'ame, que Platon l'a fait (a); & la création de la matière se trouve aussi clairement soutenue dans cet Auteur, & ses sectateurs, que quelque autre part que ce soit (b). Il semble que ce soit rendre un mauvais service à la Religion que de recuser des témoignages aussi clairs & aussi solides, que ceux que ces grands philosophes peuvent rendre sur ces vérités, contre quelques personnes, qui avec les plus grands secours pour parvenir au but que tout homme doit se proposer, ferment les yeux à la lumiere qui les environne de toutes parts, & s'aveuglent, pour ainsi dire, afin de ne pas être forcés de voir le grand jour.

313. Or s'il est démontré que les écrits de ces grands maîtres contiennent la plus grande partie de nos connoissances, & que les découvertes les plus célèbres des Modernes y aient pris leur origine, n'est-il pas plus raisonnable que nous allions puiser directement à la source, sans nous en

Conclusion pour engager à remonter aux sources de la vérité.

(a) *Part.* 4. *chap.* 1 & 2.
(b) *Part.* 4. *chap.* 4.

tenir entièrement aux ruisseaux qui en découlent.

Qu'il ne faut pas cependant négliger l'étude des Modernes.

314. En recommandant l'étude des Anciens, je suis fort éloigné de penser qu'il faille négliger les Modernes. Je crois au contraire qu'il est très-utile d'apporter un esprit attentif à leurs travaux pour observer ce qu'ils ont ajoûté par leurs expériences aux connoissances des Anciens; car il n'est pas douteux que l'on peut tous les jours ajoûter aux progrès des connoissances (*a*) : c'est pourquoi il est nécessaire de comparer avec attention les Anciens avec les Modernes; parce que l'on peut trouver dans ceux-ci plusieurs choses qui auront été quelquefois omises, ou traitées obscurément par ceux-là; & les travaux des Modernes

---

(*a*) » Je vois, dit Leibnitz, que quantité d'ha-
» biles gens croient qu'il faut abolir la philosophie
» des Ecoles, & en substituer une tout autre à sa pla-
» ce ; mais après avoir tout pesé, je trouve que la
» philosophie des Anciens est solide, & qu'il faut
» se servir de celle des Modernes pour l'enrichir &
» non pour la détruire. *Leibnitz ,[Miscellan. à Feller ,p.* 113. *otio Hannov.*

CONCLUSION. 255

peuvent de plus servir à remplacer les traités que nous avons perdus des Anciens, & dont les titres qui nous restent, servent à nous faire comprendre la grandeur de notre perte. Un autre avantage que l'on peut encore tirer de cette comparaison, est de nous affermir dans nos idées; car, là où les Anciens & les Modernes se trouvent d'accord, il est tout naturel que leur consentement unanime doive déterminer notre jugement sur tel ou tel point; & lors même qu'ils diffèrent entr'eux, la diversité de leurs raisons peut répandre des lumieres dans notre esprit.

315. Enfin libres d'une partialité aveugle à l'égard des uns ou des autres, nous devons penser que, quelques efforts qui aient été faits pour perfectionner nos connoissances, il restera toujours à faire à cet égard, pour nous & nos descendans. Il n'y a point d'homme qui puisse suffire seul à établir & perfectionner un Art ou une Science (*a*). Après avoir reçu de nos ancê-

Sentiment de Sénèque & de Galien sur ce sujet.

―――――――――――――――

(*a*) Nemo nostrûm sufficit ad artem simul & constituendam, & absolvendam; sed satis, superque

tres le résultat de leurs méditations & de leurs recherches, nous ferons toujours beaucoup si nous pouvons y ajoûter quelque chose, & par-là contribuer, autant qu'il est en notre pouvoir, à augmenter les connoissances & les perfectionner. Revêtons-nous aussi des dispositions de Sénèque qui s'exprimoit, à son ordinaire, d'une manière si éloquente sur ce sujet (*a*). » J'ai la plus grande vénération, disoit-il, » pour les inventions des Sages & pour les

---

videri debet, si quæ multorum annorum spatio priores invenerunt, posteri accipientes, atque his addentes aliquid, aliquandò compleant, atque perficiant. *Galenus in Aphorismum* 1. *Hippocratis.*

(*a*) Veneror inventa sapientiæ, inventoresque adire tanquam multorum hæreditatem juvat. Mihi ista aquisita, mihi laborata sunt. Sed agamus bonum patrem-familiæ : faciamus ampliora quæ accepimus. Major ista hæreditas à me ad posteros transeat. Multùm adhuc restat operis, multùmque restabit : nec ulli nato post mille sæcula præcludetur occasio aliquid adhuc adjiciendi. Sed etiamsi omnia à veteribus inventa sunt; hoc semper novum erit, usus, & inventorum ab aliis scientia, & dispositio. *Seneca, Epistolâ* 64.

CONCLUSION.

» Inventeurs ; c'eſt un héritage commun
» que chacun peut & doit réclamer ; c'eſt
» à moi qu'elles ſont tranſmiſes, c'eſt pour
» moi qu'elles ont été faites ; mais agiſſons,
» continue-t-il, en bon pere de famille ;
» améliorons ce que nous avons reçu :
» tranſmettons cet héritage à notre poſté-
» rité en meilleure condition que nos ancê-
» tres ne nous l'ont laiſſé. Il nous reſte
» beaucoup à faire ; il reſtera encore beau-
» coup à faire à nos neveux : les mortels,
» après mille ſiècles, ne manqueront pas
» encore d'occaſions d'ajoûter quelque
» choſe à ce qui leur aura été tranſmis. Et
» quand même tout auroit été trouvé par les
» Anciens, il y aura toujours de nouveau
» *l'uſage* de ces inventions, & la ſcience,
» & l'application des choſes inventées.

Fin de la quatrième & derniere Partie.

De l'Imprimerie de P. AL. LE PRIEUR,
Imprimeur du Roi, rue S. Jacques.

APPROBATION.

J'AI lu, par l'ordre de Monseigneur le Vice-Chancelier, un Manuscrit intitulé: *Recherches sur l'origine des Découvertes attribuées aux Modernes*. L'Auteur a très-bien rempli le but qu'il s'étoit proposé, en prouvant que les Modernes n'ont fait que perfectionner les découvertes des Anciens. Je crois que l'impression de cet Ouvrage sera très-agréable & très-utile au Public. A Paris, ce 28 Août 1765.

PONCET DE LA GRAVE.

PRIVILEGE DU ROI.

LOUIS, par la grace de Dieu, Roi de France & de Navarre: A nos amés & féaux Conseillers les Gens tenans nos Cours de Parlement, Maîtres des Requêtes ordinaires de notre Hôtel, Grand Conseil, Prévôt de Paris, Baillifs, Sénéchaux, leurs Lieutenans Civils & autres nos Justiciers qu'il appartiendra: SALUT. Notre amée la Veuve DUCHESNE, Libraire à Paris, Nous ayant fait remontrer qu'elle desireroit faire imprimer & donner au Public un Ouvrage qui a pour titre: *Recherches sur l'origine des Découvertes attribuées aux*

Modernes, Par M. L. DUTENS: s'il nous plaisoit lui accorder nos Lettres de Privilége pour ce nécessaires. A CES CAUSES, voulant favorablement traiter l'Exposante, Nous lui avons permis & permettons par ces Présentes, de faire imprimer ledit Ouvrage autant de fois que bon lui semblera, de le vendre, faire vendre & débiter par tout notre Royaume, pendant le temps de douze années consécutives, à compter du jour de la date des Présentes ; Faisons défenses à tous Imprimeurs, Libraires, & autres personnes, de quelque qualité & condition qu'elles soient, d'en introduire d'impression étrangère dans aucun lieu de notre obéissance ; comme aussi d'imprimer, ou faire imprimer, vendre, faire vendre, débiter, ni contrefaire ledit Ouvrage, ni d'en faire aucun Extrait, sous quelque prétexte que ce puisse être, sans la permission expresse, & par écrit de ladite Exposante, ou de ceux qui auront droit d'elle, à peine de confiscation des Exemplaires contrefaits, de trois mille livres d'amende contre chacun des contrevenans, dont un tiers à Nous, un tiers à l'Hôtel-Dieu de Paris, & l'autre tiers à ladite Exposante, ou à ceux qui auront droit d'elle, & de tous dépens, dommages & intérêts ; à la charge que ces Présentes seront enregistrées tout au long sur le Regiſtre de la Communauté des Imprimeurs & Libraires de Paris, dans trois mois de la date d'icelles ; que l'Impression dud. Ouvrage sera faite dans notre Royaume & non ailleurs, en bon papier & beaux caractères, conformément à la feuille imprimée attachée pour modele sous le contre-scel des présentes ; que l'Impétrante se conformera aux Réglemens de la Librairie ; & notamment à celui du 10 Avril 1725, à peine de déchéance du présent Privilége. Qu'avant de l'exposer en vente, le Manuscrit qui aura servi de Copie à l'impression dudit Ouvrage, sera remis dans le même état où l'Approbation y aura été donnée, és mains de notre très-cher & féal Chevalier Chancelier de France, le Sieur DE LAMOIGNON, & qu'il en sera ensuite remis deux Exemplaires dans notre Bibliothéque publique, un dans celle de notre Château du Louvre, un dans celle dudit Sieur DE LAMOIGNON, & un dans celle de notre très-cher & féal Chevalier, Vice-Chancelier & Garde des Sceaux de France, le Sieur DE MAUPEOU. Le tout à peine de nullité des Présentes; du contenu desquelles vous mandons & enjoignons de faire jouir ladite Exposante & ses ayant causes, pleinement & paisiblement, sans souffrir qu'il leur soit fait aucun trouble ou empêchement. Voulons que la Copie des Présentes, qui sera imprimée tout au long au commencement ou à la fin dudit Ouvrage, soit tenue pour duement signifiée; & qu'aux Copies collationnées par l'un de nos amés & féaux Conseillers & Sécretaires, foi soit ajoûtée comme à l'Original. Commandons au premier notre Huissier ou Sergent, sur ce requis, de faire pour l'exécution d'icelles, tous Actes requis & nécessaires, sans demander autre permission, & nonobstant Clameur de Haro, Charte Normande, & Lettres à ce contraires; Car tel est notre plaisir. DONNÉ à Paris, le trentiéme jour du mois de Juillet, l'an de grace mil sept cent soixante-six, & de notre Regne le cinquante-uniéme. Par le Roi en son Conseil.

LEBEGUE.

Registré sur le Registre XVII. de la Chambre Royale & Syndicale des Libraires & Imprimeurs de Paris, N°. 669. fol. 7. conformément au Réglement de 1723. A Paris, ce 5 Août 1766.

GANEAU, Syndic.

www.ingramcontent.com/pod-product-compliance
Lightning Source LLC
Chambersburg PA
CBHW070617170426
43200CB00010B/1821